THE
STORY
OF ART

艺术的故事

A BIOGRAPHY

OF SALVADOR
DALI

我一生中无一行为能被模仿

达利传

程 波——著

贵州出版集团
贵州教育出版社

目录

001 | **关于达利，从一首诗说起**
序言

达利曾摆弄着他那上翘的精致的小胡子宣称：“我与疯子的唯一区别，在于我不是疯子。”在我看来，达利内心确实有着一种坚硬执着的东西，就如同他在爱情中表现出来的一样，这让他不同于一个真正的疯子，让他那疯狂的想象力飞得再高，行为再离经叛道，都始终保持在艺术的良知之内。正由于这样的东西存在，他的艺术才会一定程度上掩盖了他身上的缺陷，他那种种疯狂的想法和行为才会变得魅力十足。

009 | 加泰罗尼亚的童年岁月

第一章 — 1904—1917

翻过比利牛斯山脉从欧洲大陆进入伊比利亚半岛，在还没有到达伊比利亚山脉的时候，旅行者脚下的土地都被称为“加泰罗尼亚”。在很久以前，当西班牙还不存在的时候，加泰罗尼亚的名声就已远播，她是古代腓尼基人在地中海西岸建造的文明。

033 | 少年时代的绘画练习

第二章 — 1917—1921

达利之所以能成为达利，技术上的创新也是不可缺少的。少年达利就经历了一段用石头作画的“石器时代”。他曾把那些石块粘在画布上，随后给它们涂上所希望的颜色，再作以太阳等图画，一幅满天“彩霞”的落日图就这样产生了。

053 | 失之马德里，收之巴塞罗那

第三章 — 1921—1926

达利对马德里没有什么留恋，按照他的性格，开除就开除，没有什么大不了的。但实际上达利还是觉得有些郁闷，主要原因是他不知道该如何向父亲交代。他准备像上次那样回菲格雷斯努力地工作一年，然后再说服父亲送他去巴黎继续学习。

099 | **“加拉·萨尔瓦多·达利”的诞生**

第四章 — 1926—1929

那一天，达利只感到一种奇妙的爱情在天空中荡漾，爱情不可征服和不可思议的威力，像治愈了一个病人那般治愈了达利，它的威力甚至比弗洛伊德的精神分析法还要强大。

137 | **上流社会的超现实主义者**

第五章 — 1929—1934

达利带着讥讽和嘲弄，从诺埃尔子爵家的晚餐会开始步入巴黎的上流社会，在看到自己那幅《阴郁的游戏》挂在客厅显眼位置的时候，他感到极为得意，从这个时候起，达利在嘲弄和讥讽了上流社会的同时，自己也成了反讽的对象。

185 | **超现实主义之后，战争之中的游移岁月**

第六章 — 1934—1940

从罗马走向梵蒂冈的道路现在被改造成了一条长长的林荫大道，过去要经过一些迷宫般的小路，人们才能在面对梵蒂冈的雄伟规模的时候，心灵一下子受到震撼，而现在这种情况不见了。这就像是一个关于信仰的隐喻——走向信仰的心灵之路不再需要曲折，信仰就像旅游一样来也匆匆去也匆匆，平淡而不再激起心灵的波动。

225 | **艺术家的美国梦**

第七章 — 1940—1948

如果说，当年在马德里求学、在巴塞罗那成名的时期，达利完成了从一个印象派画家向超现实主义者转变的话，那么美国岁月，则让达利在一种众声喧哗的状态中自觉地开始反思自己的超现实主义风格，当然他是一边继续创作一边不断调整的，并不是对超现实主义技巧的抛弃。

269 | **祖国、宗教和神秘主义**

第八章 — 1948—1964

在达利的眼中，上帝不仅仅是宇宙，还是一种限制，是一系列互相矛盾的观念的综合体，不可分割，不能把它们分解成任何有组织结构的空想的事物。所以，他相信自己通过“核物质”向宗教的神秘主义回归，不是他自己的事情，而是上帝的光芒在照耀着他，是天使在指引着前路。

303 | **回顾，在变化的世界面前**

第九章 — 1964—1970

画展开幕之前，达利看着工作人员在往墙上挂画，他像一个提前进场的普通观众那样，注视着这些作品，就像是突然之间见到了失散多年，甚至已经快要被自己遗忘的亲人一般，想到三十多年前自己一笔一笔画出它们的情景，达利的内心甚至比刚刚画完时还要激动。

325 | **达利博物馆**

第十章 — 1970—1982

发生在加拉身上的重大变故，会给达利的生活乃至性格带来如此明显的改变，这说明了加拉对于达利的意义。可以说，了解了加拉对于达利的意义，也就大部分地理解了达利。从这个意义上，我们可以把加拉看作另一个“达利博物馆”。

357 | **一个天才最后的岁月**

第十一章 — 1982—1989

当我们从天才的离去中解读出这样那样的意义，发掘出这种那种美感的时候，达利的声音还在纪念他的人们耳边回响：“因为我是天才，我没有死亡的权利，我将永远不会离开人间。”

附：达利年表

380 | **后记**

关于达利，从一首诗说起

达利永远不愿默默无闻。

多年以前，当我还是个爱好艺术的大学生的时候，达利就是我痴迷的对象。除了那些富有天才幻想的绘画作品之外，达利最让人着迷的就是他那充满传奇的人生轨迹和谜一般的性格。一方面，他是那样一个愤世嫉俗的人，乐于挑战规则和权威，不断地用恶作剧乃至疯狂的方式考验着艺术史教授、画商、普通观众以及同行们的忍受能力。另一方面，他又是一个像孩童一般有着旺盛好奇心和专注力的人，始终对新的事物和新的领域充满兴趣，在其一生中，他对绘画、雕塑、建筑、电影、文学、芭蕾舞、珠宝学和工业设计等艺术门类都有涉猎，而且造诣颇深；他对超现实主义、立体主义、弗洛伊德思想、社会主义思想、宗教思想，甚至是核物理理论、DNA 遗传理论都潜心钻研，然后把它们在自己的创作中表现出来。

达利到底是怎样的一个人？这似乎很难说清楚。他的思想复杂多变，他的言行时常相悖：他可以说自己是一个社会主义者、无政府主义者，也可以宣称自己是一个极端的君主主义者，他欣赏约瑟夫·维萨里奥诺维奇·斯大林、毛泽东，但又对西班牙独裁者弗朗西斯科·佛朗哥乃至法西斯主义抱有某种好感；他自我膨胀式地欣然接受“圣人”的称号，希望别人崇拜他，但又会说自己在艺术上始终是一个平庸的画家，虽然比同时代的人强点，但比起任何一个古典画家来说，都是微不足道的；他生前从不掩饰对金钱财富近乎贪婪的渴望，津津乐道于奢侈和浮华的生活，似乎缺乏艺术家应有的超凡脱俗的气质，但在遗嘱上却把所有的个人财产捐献给了西班牙政府，这似乎又表明他不完全是一个势利之徒，并没有因为物质享受而失去精神独立性和艺术创造力……

在我看来不论怎样评价他，他首先毫无疑问是一个矛盾体——一个有着迥异于他人的坚硬内核，同时又在现实和艺术的世界里复杂多变的家伙。

关于达利，有一件事情给我的印象非常深刻，那就是他的爱情。达利的爱人名叫加拉·达利，一个俄国人，原本是法国超现实主义诗人保尔·艾吕雅的妻子。1929 年的某一天，二十五岁的萨尔瓦多·达利和三十四岁的加拉相遇之后，一个被达利自己命名为“加拉·萨尔瓦多·达利”的“新人”就诞生了。我们都知道，毕加索和达利被称为 20 世纪最伟大的画家，巴勃罗·毕加索一生有过很多的女人，而达利的一生绝大部分时间始终和加拉在一起。从好的一方面说，加拉多年以来始终像一个庇护者那样操劳着达利的生活，让他可以专心绘画，免受世俗的干扰。可以说，加拉把自己看作是达利和外部世界之间的桥梁，而达利则把加拉当作自己内心世界的寄托。从不好的一方面说，正是加拉对于商业利益的看重才在很大程度上使得达利从一个天才成了契约的履行者。20 世纪 70 年代末，达利和加拉因为矛盾而分居，直到 1982 年八十七岁的加拉离开人世。加拉的去世给达利造成了巨大的打击，几乎让他一蹶不振，他从此拒见故友，不思进食，在负疚苦思中度过了余生，终于在 1989 年抛弃了现实世界，追随加拉而去。

很难想象，这样一个在生活和艺术上多变的人，在爱情和婚姻上却表现得如此专一。达利在家庭生活中十足地依赖着加拉，有时甚至表现出一种病态的软弱和拘谨，但在艺术上他却一直表现着那种玩世不恭的疯狂，同时还不断地利用艺术来渲染自己对加拉的疯狂崇拜和忠贞——在很多人看来，达利把加拉这样一个“妖女”奉为缪斯女神，这两者的矛盾关系，实在让人没法理解。达利曾摆弄着他那上翘的精致的小胡子宣称：“我与疯子的唯一区别，在于我不是疯子。”在我看来，达利内心确实有着一种坚硬执着的东西，就如同他在爱情中表现出来的一样，这让他不同于一个真正的疯子，让他那疯狂的想象力飞得再高，行为再离经叛道，都始终保持在艺术的良知之内。正由于这样的东西存在，他的艺术才会一定程度上掩盖了他身上的缺陷，他那种种疯狂的想法和行为才会变得魅力十足。

从这个意义上说，“加拉·萨尔瓦多·达利”是一个象征，象征着达利的艺术人生中，矛盾的两面综合在了一起。现在，在这本书还没有正式开始的时候，请允许我先为这个名字重唱大学时代唱过的赞歌：

你的爱情在狮子的形影中，
是两个人成为一个人之后，
盛开的水仙。
你所有的孩子在同样一个伤痕里，
以先天不同的线条和色彩急速痊愈。
你的欢乐出现在远处浓黑的前世，
在那里，
少女之子还未轮及受难，
你的一半就和另一半的祖先
怒目而视，
然后拥抱着相敬度过余生。

你一想起挽歌高唱就兴奋不已，
每当合众为一时你总挥泪不忍离别。
有一日死亡将你分尸而葬，
名字竖起两座石碑，
世人这才知道：
诗人妻子不辞而别的那夜微雨，

她的画家情人在湿透的欲望中
翘首等待，
一站就是百年。

——《赞歌不知为谁——致“加拉·萨尔瓦多·达利”》

第 一 章

1904—1917

加泰罗尼亚的童年岁月

毕加索是西班牙人，我也是。

毕加索是天才，我也是。

毕加索举世闻名，我也是。

题　记

翻过比利牛斯山脉从欧洲大陆进入伊比利亚半岛，在还没有到达伊比利亚山脉的时候，旅行者脚下的土地都被称为“加泰罗尼亚”。在很久以前，当西班牙还不存在的时候，加泰罗尼亚的名声就已远播，她是古代腓尼基人在地中海西岸建造的文明。古代腓尼基处在西亚海陆交通的枢纽地区，所以航海和商业特别发达，他们把地中海沿岸的很多地方开辟出来，作为航海的中转站和货物的集散地，历史上依托着北非的“迦太基”，海上文明就出自他们之手。腓尼基人善于经商，同时又富有冒险精神和创造力，据说两千六百多年前，腓尼基航海家们就完成了环绕整个非洲的航行，而且也是他们在商贸活动中摒弃了烦琐的“楔形文字”，最早发明了字母，成为整个欧洲乃至西方的拼音文字的鼻祖。

今天的加泰罗尼亚是西班牙的一个自治大区，有着自己相对独立的文化甚至语言，这些地方的人们，首先认为自己是加泰罗尼亚人，然后才是西班牙人，而且前一种身份比后一种还要重要得多。加泰罗尼亚人继承了他们祖先的品质，一方面爱幻想，富有创造力，另一方面懂得享受生活，所以他们在商业和艺术两方面，在西班牙乃至整个欧洲，都表现得很卓越。一个最明显的例子就是加泰罗尼亚的首府巴塞罗那。早在文艺复兴时期，大作家塞万提斯就曾赞誉她是西班牙的骄傲和世界上最美丽的城市，如今的巴塞罗那更是有“地中海曼哈顿”之称。在现代艺术史中，那些来自西班牙的众多巨匠如毕加索、胡安·米罗、达利等人都成名于此，这其中的萨尔瓦多·达利，更是一个地地道道的加泰罗尼亚人，生长于此，成名于此，终老于此。

一

1904 年 5 月 13 日的上午，西班牙加泰罗尼亚自治大区吉罗那省的小城菲格雷斯的天气很好，一个行色匆匆的成年男子叼着海泡石烟斗走在去市政厅的路上。他是本地公证所的所长，萨尔瓦多·达利·库希先生，平时是一个不苟言笑、让人敬畏的人，但是今天似乎和善了许多，当有熟识的人从他身边走过向他打招呼的时候，他很有礼貌地问候着对方，脸上露出别人不易察觉的笑容。

在市政厅的大门前，他把烟斗小心地熄灭，从口袋里拿出一张叠得整整齐齐的公文纸，然后来到市政府法官的办公室，把这张纸交给了法官先生。法官是库希先生的老熟人，他快速地浏览了一下纸上的内容，然后把它交给了秘书，微笑着向这个四十一岁的公证所所长表示祝贺，两人愉快地攀谈了起来。这个时候，秘书认真地把纸上的内容往一个档案册里进行着登记，他看到上面用工整的笔迹写着这样的文字：

5月11日上午8时45分出生并且取名为萨尔瓦多·菲利普·哈辛托的婴儿，系申报人萨尔瓦多·达利·库希与其妻菲利芭·多美涅奇夫人所生的合法儿子，多美涅奇夫人现年三十岁，生于巴塞罗那。孩子按父系承袭其生于加达凯斯的已故祖父达利·文亚斯先生和生于罗萨斯的祖母亚利莎·库希·马尔科夫人一族，按母系则承袭出生于巴塞罗那的外祖父阿塞尔莫·多美涅奇·塞雷先生和外祖母玛利亚·费勒斯·萨图尔尼夫人一族。

为出生登记作证者：何塞·梅兴德尔先生，制革匠，现住菲格雷斯城郊的拉斯蒙哈斯区；艾米利奥·巴伊格先生，乐师，现住别列拉德路5号。两人皆为成年人，享有公民权。

从市政厅出来的时候，库希先生听见教堂的钟敲了十二下，他没有直接回家，而是去给自己刚出生两天的儿子买了一份礼物，一个带有明显宗教气息的木制护身符。这并不是他的第一个孩子，他的第一个儿子在三年前死于脑膜炎时才七岁。丧子之痛曾经让他和他的家庭长时间地忍受着煎熬，现在好了，他希望笼罩在家庭之上的阴霾会因为这个新生儿的到来一扫而光。他默默地在内心祈祷，祝愿这个儿子能够平安快乐地长大，去做一个律师或者其他体面的职业，成为一个像他一样尊重社会又被社会尊敬的人。

蒙托利奥尔路 20 号，是一栋典型的加泰罗尼亚风格的建筑：平顶的二层乳白色的房子，厚重的铁门和宽敞的种有植物的庭院。这条街是为了纪念一个叫纳尔希斯·蒙托利奥尔的菲格雷斯人而得名——据说他最早设计和制作出了潜艇。当然一般的市民是住不起这样的房子的，这里住的都是一些富裕的中产阶级家庭，那个最初被命名为萨尔瓦多·菲力普·哈辛托的孩子，就出生在这条街的这栋房子里。

库希先生把护身符挂在婴儿的床边，冲着他微笑。可是不知道什么原因，孩子突然大声地哭了起来，弄得库希先生有点手足无措，女仆赶紧过来处理，孩子还是哭泣，直到库希先生把那个承载了他的愿望的护身符拿开，孩子才安静了。在那一个瞬间，库希先生产生了一种不祥的感觉，后来的事实证明，那天他的这种感觉是正确的：因为虽然那个孩子沿用了父亲的名字萨尔瓦多·达利，但他并没有沿着父亲所希望的人生轨迹成长，他没有成为一名律师，甚至没有成为正常意义上的艺术家。如果是这样，也许受到巴塞罗那和加泰罗尼亚浓厚的艺术氛围影响的父亲，并不会反对，可能还会以他为荣。但是，这个叫萨尔瓦多·达利的人，成了 20 世纪最让人费解、最充满争议、最另类疯狂的艺术家之一，这些都是做父亲的怎么也料想不到的。

不管怎么说，萨尔瓦多·达利出生了。虽然他说自己经历

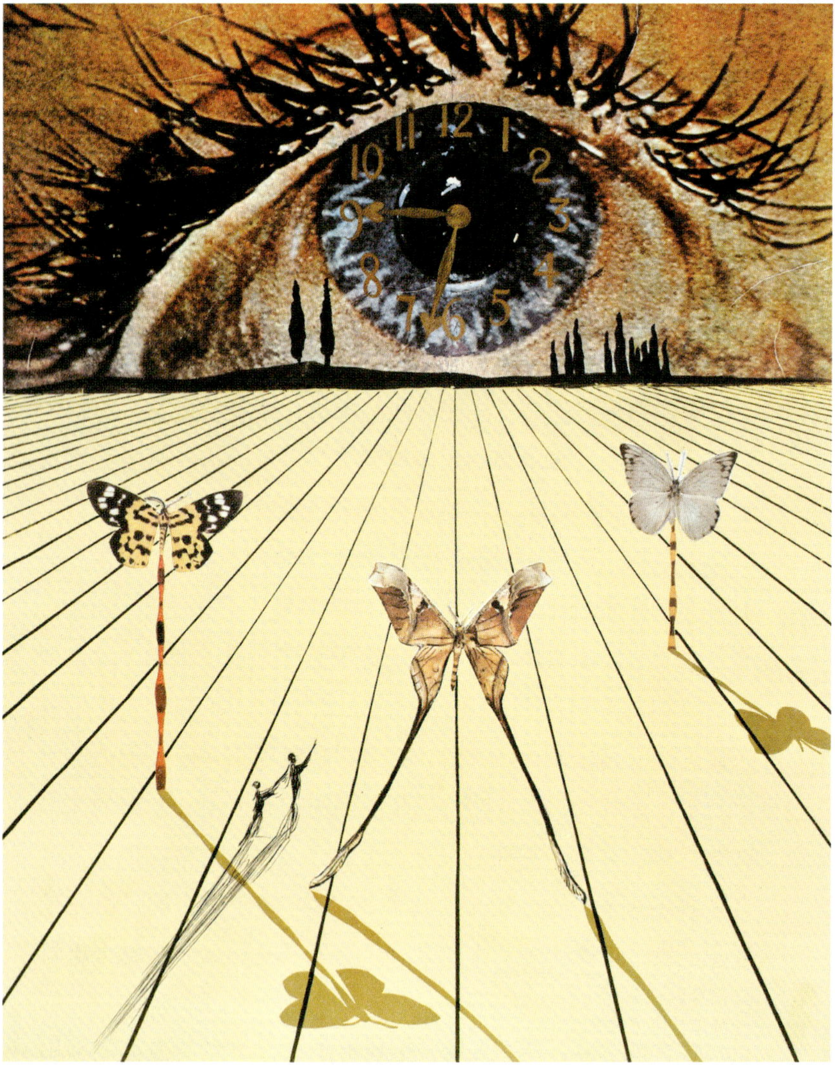

了一段他能感觉到的子宫生活，他的生命不应该从 1904 年 5 月 11 日算起，但这显然是达利那种典型的“疯狂”的话语方式，人们并不信以为真。从这一天起，一个天才或是一个疯子诞生了，而且要用一种天才或者疯子的方式走完他的一生，人们屏住呼吸，静静地等待着。

超现实主义时间之眼

The Eye of Surrealist Time

1971年，石刻版画

20.75厘米×16.5厘米

威廉班内特现代美术馆（纽约）

这位现代派的艺术大师深受超现实主义思潮的影响，尽管他的绘画训练是古典的、扎实的，但这些功力也完完全全地运用在他“超现实主义”的创作当中。受弗洛伊德精神分析学著作的启发，达利认为自己的细致的幻觉主义在探索他所描绘的梦境意象和潜意识中起了重要作用。

二

小达利成长得很快，虽然在体格上并不强壮，和同龄的孩子相比甚至有一些孱弱，但他却很健康，很少生病。他是一个漂亮的小男孩，有着柔软的卷发和清秀的面庞，父母、外祖母安娜，还有家里的老仆露西娅都很喜欢他。可能由于生长在以美食著称的加泰罗尼亚，也可能老仆露西娅的烹调手艺很让达利景仰，达利最早的一个梦想是当厨师，但是孩子的梦想是多变的，所以他说："我六岁时想当厨娘，七岁想当拿破仑。"虽然最后这两样都落空了，但是喜爱梦想的品质却延续了下来。和其他的孩子不一样，似乎从很小的时候，他就形成了常人很难理解的思维方式和行为方式。他不喜欢和别的孩子一起做那些普通的游戏，他喜欢做的事情有两类：

一类是独自静静地面对他感兴趣的东西，可能是房间墙壁上的一片污迹、天空中的一片云彩、一片植物叶子上的纹理，当然也可能是一幅画、一尊雕塑。这些在别人看来再平常不过的事物总能引发达利的幻想，他用一种给自己讲故事的方式，在脑海里一遍又一遍地由一个点想开去，而且，更让人觉得惊奇的是，他不仅把这些想法放在自己的幻想世界中，而且还总是找机会，把那些忽然想到的念头在现实生活中实施。这常常让他的家人无所适从地围着他打转，达利觉得这是父母和家人对他的赞扬和崇拜，这让他每一次在恶作剧式的行为之后都感到快乐，很快就会产生下一次恶作剧的冲动。

小达利喜欢做的另一类事情是在众人面前，为了显示自己的与众不同而进行的自我表现。由于家境富裕，他总是比大多数孩子有着更好的穿着和饮食，这让他产生了一种天生的优越感，以至于他越来越意识到自己是和普通人不一样的。不过，和一般的纨绔子弟不同，他更多地把这种优越感转化成了一种半是“哗众取宠”半是“特立独行”的艺术家气质。从很小的时候，达利就开始把自己当作一个艺术家在众人面前展现了。

达利是从八岁开始画画的，而在那些还没有真正地开始学习绘画的童年生活中，达利就在用上面两种方式宣泄着他的想象力和创造力。那时，他表演和宣泄的舞台主要有三个：一个是他的出生地菲格雷斯，他在这里上了一所教会学校。一个是他父亲的出生地，离菲格雷斯三十公里的海边小镇卡德隆兹，他们家会在假期的时候去海边的一所房子里度假。另一个就是加达凯斯——他父亲的家乡，达利有时候会跟着全家去那里看望一些亲戚朋友，这其中就有父亲最好的朋友皮科特一家。

达利用两种方式在这三个地方开始了他人生中最初的

表演。

达利七岁的时候，父亲把他送进了菲格雷斯的教会学校，他是不会去市立学校的——那里是普通人家的孩子上学的地方。在小达利的眼里，和那些穷孩子相比，只有他才有绣有姓名的精致外套和帽子，只有他才有擦得发亮的皮鞋和梳得发亮的头发，所以他甚至幻想着如果自己能够去市立学校读书该有多好。如果那样的话，那些小孩子一定会围在他的身旁，看看这里，嗅嗅那里，这种因为与众不同而成为众人焦点的感觉，对于从小就沉迷于自我表现的达利来说，简直就是巨大的幸福。可是他进了教会学校，这里大多都是富裕人家的子弟，能让他“自我表现”的外在条件似乎就不存在了，所以达利的自我表现也开始变得不那么表面化和物质化了，他在思维方式和行为方式上变成了一个另类的孩子。当然，我们很难相信达利自己在一些回忆录中所说的情况：一个七岁的孩子，竟然能够如此自觉地意识到自己

菲格雷斯附近的风景
Landscape Near Figueras
1910年，纸板油画
14厘米 ×9厘米
私人收藏

在这幅达利少儿时期的作品中，画家展现了家乡菲格雷斯绵延的青山和绿谷，空中翱翔的飞鸟和点缀在林间的房屋，大自然的纯朴壮阔让人心旷神怡。

每一次的奇怪行为和古怪想法的确切意义。我们宁愿把这个看作是成年之后的达利在用成年人的思想，夸耀式地追溯着自己的光辉历史。

在教会学校的时候，达利的成绩并不好，原因不是达利不聪明，而是他宁愿对着教室外的天空或者树木发呆，也不愿意在考试的时候获得好的分数。他觉得把那些他懂得的问题故意不答或者答错，也是表现自己与众不同的方式之一。虽然老师并不讨厌达利——他总是很安静地待在自己的世界里，并不是一个调皮捣蛋的家伙——但因为成绩差，他还是留了级。这让宠爱他的父母非常担心，母亲从学校得知儿子留级的消息的时候，曾关切而又焦虑地问达利："我的小东西，你到底想要什么呢？"

达利想要什么呢？他是一个天生就爱幻想的孩子，他想要的是一个可供他自由幻想和创作的空间。他从母亲那里要来了家里的阁楼——一个被用作储藏室的旧浴室。那些从学校放学归来，或者谎称生病而赖在家里不上学的日子，达利就待在这间小阁楼里，或是天马行空地胡思乱想一番，或是找来一些纸笔和油彩，把画架支在巨大的水泥砌的浴缸里，开始了最初的绘画练习——能够把自己的幻想物化，变成现实的形象，绘画是达利能够找到的最好的方式了。那几乎是达利自然而然的选择，甚至谈不上选择，而是一种本能。

当然，环境也很重要。首先，在学校和家里，小达利都能看到一些临摹的名画，这些原本仅仅是一幅幅附庸风雅的廉价装饰品，但在达利的眼中，就成了进入新的幻想空间的一条条通道。加泰罗尼亚地区浓厚的艺术氛围，虽然不一定时刻都能以一种最纯粹的方式表现出来，但对于一颗有着艺术天赋的纯粹心灵来说，已经足够了。给人印象深刻的是，成年以后的达利回顾自己的童年岁月的时候，还念念不忘教会学校的过道里，一幅法国 19 世纪画家米勒的《晚祷》复制品对他的震撼："这幅画总使我产生一种难以言喻的强烈愁绪——第一次看到它的两个静止的人物形象，就深深地嵌入我的记忆中，以其深刻的内涵不断激发我的想象。然而我所感到的不仅是忧愁和惊恐，还有此画所产生的宁静。这种明朗的调子在我惊恐不安的心中回荡，犹如宝剑在月光下闪耀着银辉。"我们可以想象一下，一个爱幻想的少年，在教会学校里听着晚钟响起，莫名的忧愁和焦虑油然而生。当跟着老师做完晚祷，在昏暗的灯光下看到这幅画的时候，这种感受就更加强烈了。那种在似曾相识的环境中的心理感受，除了让达利幻想，一定也让他产生了绘画的冲动。甚至在很多年之后，达利还重新拾起儿时的感受，画了多幅以米勒《晚祷》为主题的作品。

其次，对于达利走上绘画之路更有据可查的促进因素，是父亲的朋友——皮科特一家对达利的影响。皮科特一家住在加达凯斯一所被达利叫作"城堡"的带有塔楼的大房子里，他们一家不是一般意义上的中产阶级，家族里有多位画家和音乐家，

大提琴手里卡德·皮科特的肖像

Portrait of the Cellist Ricard Pichot

1920年，布面油画

61.5厘米×40厘米

私人收藏

低头专心于演奏的音乐家似乎正闭目沉浸于自己的音乐世界。整幅画的色调以温暖的红色为主，散发出迷人的艺术热情。

拉蒙·皮科特本人就是一位画家。是他说服了达利的父亲，从事艺术也是一份不错的职业。在童年的假期里，达利常跟着父亲来“城堡”里小住，在那里，他不仅看到了很多的画册和绘画作品，还看到了艺术家们绘画或者演奏时候的情景。达利在皮科特“城堡”的塔楼里，像是在自己家的阁楼里一样，躺在浴缸里，模仿着《马拉之死》中主人公在浴缸里工作的模样，开始涂鸦。工作完毕，他学着皮科特先生的习惯，像一位刚刚完成了一幅杰作的真正的艺术家那样，慢步来到窗前。透过玻璃，达利看着院子里巨大的柏树把健壮的枝干伸向天空，那种执着的美感给他幼小的心灵带来巨大的震撼，这更加坚定了他要成为一名画家的想法。

几年之后，大概十六岁的时候，达利画了一幅叫作《大提琴手里卡德·皮科特的肖像》的画，画中的主人公是拉蒙·皮科特先生的侄子，提琴手坐在窗边专心地演奏着，窗外的光线射进来，呈现出一种典型的“印象派”的景象。达利最初的专业绘画学习和印象派有着密切的关系，这一点我们在下一章会说，现在，我们可以通过这张画去想象一下：一个孩子站在不远的地方，看着奇妙的旋律流淌出来，和自己的想象结合在一起，形成一幅完美的画面。正是这样鲜活的艺术体验，让达利越来越确立了这样一种想法：艺术就是自己身边最能发挥和包容自己天性的方式。达利自己这样描述过：“在他们家中的这段时间，我仿佛在幻觉中看到一架豪华的钢琴从岩石中升起，在月光中我听到了协奏曲。这是后来我把钢琴画在岩石上还有柏树上的原因。这不是幻想。这些我都曾见过，并且打动了我。”

达利童年岁月中另一类重要的经历就是去卡德隆兹的海边寓所过暑假。在平常的时候，达利一家海边的房子由一个叫里季亚的妇人照看，他们来度假的时候，她就兼做一些女仆的事情。里季亚是渔夫的妻子，五个孩子的母亲。童年时候的达利有些依恋她——这种依恋和欲望无关，按照达利自己的说法，这是一种对“衰老”的迷恋。那时达利画过一幅《露西娅肖像》，在这幅画中，他把自己家的老仆露西娅和里季亚，还有外祖母安娜的相貌结合起来，画成了一个人。除了衰老，里季亚身上更让达利印象深刻的是她偏执的性格，所以，她和达利的交往和通信持续了很多年，而且，多年以后，当达利开始画那些充满偏执狂色彩的画时，他会想起里季亚，并从她的身上获得一些灵感。被认为是达利第一幅超现实主义画作的《血比蜜甜》，名字就来源于里季亚给达利的一封信，她在信中写道："女人是蜜，我是血，我的儿子们只喜欢蜜而不珍惜血，其实，血比蜜还甜！"

优美的乡间风景，相对隔绝的环境，使得卡德隆兹成了达利放松自己的最好去处。他不再需要担心学校里的那些人和事，他可以把这里的人和风景当作写生的对象，画到自己的画中。根据一些史料记载，达利最早的真正意义上的绘画作品，除了在菲格雷斯，就是在卡德隆兹完成的。那时，达利绘画的题材主要是人物肖像和风景——人物都是家人和朋友，风景大多都是卡德隆兹。

后来达利在加达凯斯建造了属于自己的房子，而卡德隆兹那所属于父亲的海边寓所一直还在那里，这些在达利的生活中，都有着非常特殊的地位。成年之后，达利去过巴塞罗那、马德里、巴黎、纽约、伦敦这些大都市，但是当他想要休息一下，或者为完成一件重大的事情而要找一个安静的地方做准备的时候，他就会回到这里。比如，1927 年和 1929 年，达利和他的导演朋友路易斯·布努埃尔合作的电影《一条安达鲁狗》和《黄金时代》，剧本就是分别在卡德隆兹和加达凯斯完成的。再比如，1929 年达利和他的爱人加拉坠入爱河，也是在加达凯斯。从某种程度上说，如果说菲格雷斯是达利地理意义上的家乡的

荷兰室内景

Dutch Interior

1914年，布面油画

16厘米 ×20厘米

私人收藏

娴静端坐着的妇人和安详的室内景让人想到荷兰的古典风俗画，但达利却模糊了人物的形象，笔触也相对潦草，形成了一幅古典和现代相结合的作品。

菲格雷斯狂欢节

Fiesta in Figueras

1916年，纸版水粉和油画

22厘米 ×20厘米

佛罗里达圣彼得堡达利博物馆

聚集在狂欢节上的人们虽然面部模糊，但画家还是描绘出了领结、礼帽和美丽的发型。绚丽的烟火在纯蓝的夜空中绽放出璀璨的图案，颇具印象派的特色。

话，那么卡德隆兹和加达凯斯则是他心理意义上的家乡。其实，我们没有必要分得这么清楚，因为这三个地方相隔不过几十公里，可以说共同构成了达利的“家乡”——它们都有一个更响亮的名字：加泰罗尼亚。

第　二　章

1917—1921

少年时代的绘画练习

我饱受万物的影响，

但却无物能改变我。

题　记

1904 年，也就是达利出生的那一年，西班牙的艺术圈子里发生了两件大事：一件是二十三岁的毕加索在动身定居巴黎前画出了《正在熨烫的妇人》，声名日盛；另一件是建筑师安东尼奥·高迪在巴塞罗那建造了著名的萨格拉达·法米利亚教堂。这标志着西班牙有了自己的现代艺术。不过，从更普遍的范围上说，到了 20 世纪第二个十年，现代艺术在西班牙仍然没有取得主流地位，艺术前沿上虽有人在不断创新，艺术学院和艺术团体里，保守的力量却依然强大。达利最初的绘画练习从非常学院化的“印象派”和 19 世纪“浪漫派”开始，这是当时的主流画风，在没有成为一个超现实主义画家之前，他还尝试了“立体主义”和“未来派”。应该说，少年时代扎实的技巧训练以及对多种画风的广泛涉猎，为达利后来形成自己独特而多变的风格打下了一个良好的基础。

一

达利离开了原来的教会学校，进入了另一所由圣母教会主办的中等学校继续上学。对于为什么转学，达利的说法是这样的：由于特立独行的作风越来越严重，达利在学校成了让人头疼的人，随着年纪的增长，他那种童年时代无意识的“可爱”行为，在别人的眼里，渐渐成了有意识的“捣乱”。而且，少年人特有的那种“反叛精神”和达利的本性结合起来，简直让他成了一个小小的“反社会的无政府主义者”，这是学校无法容忍的，所以他是被开除的。

但是，事实并不完全如此。达利离开原来的学校，一方面固然跟达利在学校的表现有关，而更主要的，则是他父母的决定。达利的绘画天赋让父亲的内心犹豫不决：不让他从事绘画吧，有些于心不忍；让他继续发展下去吧，艺术家毕竟是一个“自由职业”，并不稳定。好在父亲是一个开明的人，加之诸如皮科特先生这样的好友的劝说，父亲还是决定，不管达利今后是不是真的会成为一名艺术家，正规的绘画练习还是要让他先做起来。达利转学，很大程度上是冲着学校里的一位做教师的画家去的——这个人叫居·努尼艾斯，在当地和整个加泰罗尼亚都小有名气。

努尼艾斯先生是一个很称职的教师，他对达利的才能很欣赏，觉得他是一个可造之才，所以很用心地教他素描、雕塑和绘画。不过，达利可不是一个循规蹈矩的学生，他似乎对老师的好意并不领情，在很多时候都和他对着干。当然，这种对立的情绪并不是存在于生活之中，在生活上，努尼艾斯也加入了说服达利父亲让他今后从事艺术的行列之中，这让达利对他很有好感。对立只存在于专业学习之中：这个年龄段的达利对绘画技法有着贪婪的渴望，他学习既定的技法，同时又在想方设法打破和颠覆它，从而创造新的技法。几乎每一天，达利都在技术上向老师挑战，要让他感到震惊，然后不得不承认达利有理。就像达利后来总结的那样，创新的源头和方法就是“反教师之道而行之”。

有一天，达利在画一位留着漂亮的雪白卷毛胡子的老乞丐，努尼艾斯先生提醒他，素描时铅笔不要涂得过分，那样没法表现出胡须的细丝。但是当老师一走开，达利就故意逆意而为，变本加厉地用铅笔把面部涂得越来越黑、越来越腻。下课的时候，达利终于创造出这个模特儿的形象，然而他还不满意，还在继续加黑，他的疯狂行为甚至引来了同学们的围观，但他还不罢手，以至于最后素描只不过是一堆结构松散的黑色斑块的

舟

Boat

1918年，布面油画

26厘米 ×31厘米

私人收藏

画家用各种深浅不一的蓝色笔触堆积出荡漾不定的海面，又加上黄色的笔触定格阳光洒在水面的瞬间，从中可看出明显的印象派画作的影响。

组合体。第二天，当努尼艾斯来指正时，他绝望地批评他。达利却一点不安都没有，还硬着嘴说他有解决的办法。老师摇着头离开了。达利先用墨涂抹掉素描，然后拿出小刀来刮纸，白色开始出现在黑色的素描上，恰巧就像是乞丐的胡子，他还往素描上吐上点唾沫，摩擦了几下，于是便得到了一些浅灰色的擦痕，这完美地模仿出了这名乞丐胡子的形状和质感。

当努尼艾斯先生再一次看到达利的作品时，他先是一言不发，然后露出带有困惑的赞赏表情，最后竟然把达利抱住，说着类似于“这个达利可真了不起”这样的话。

像这样的事情在达利学习绘画的日子里肯定不止一次地发生过。在他学习到了主流的绘画技法的同时，他又会去颠覆它，而且他在艺术上的反叛和颠覆得到的往往是赞扬，这样的情境在达利艺术品格的形成过程中无异于一个个助推器，让他一步步地坚信：艺术上的特立独行相较于生活中的，可能更为人赞赏，只要这种特立独行能带来符合艺术本质而又让人惊奇的结果。这些都为他后来的超现实主义画风的形成奠定了基础。

达利之所以能成为达利，技术上的创新也是不可缺少的。少年达利就经历了一段用石头作画的“石器时代”。他曾把那些石块粘在画布上，随后给它们涂上所希望的颜色，再作以太阳等图画，一幅满天“彩霞”的落日图就这样产生了。这可能是达利最早的“拼贴画”或是“装置艺术”作品了。有意思的是，当达利把这样的画挂在自家的餐厅之后，有一天饭后，在夜晚的宁静气氛中，突然一块脱落的石子掉在石板地上，发出了清脆的声响，让一家人都吃了一惊。父亲还打趣地安慰受惊的母亲:“这没什么，不过是从我们儿子的天空中落下了一片云彩！”

技术上的创新固然重要，但这并不是说达利不重视基本绘画技巧的学习。前面说过，达利曾学习“印象派”画法。我们知道，“印象派”在西方艺术史上是一个承上启下的流派，早期“印象派”画家诸如马奈、德加、莫奈等人，和19世纪浪漫主义画风的关系十分密切，同时又是现代艺术的开创者——“后印象派”画家们，诸如保罗·塞尚、文森特·威廉·梵高、保罗·高更等人——模仿和超越的对象。“印象派”讲求对人物和自然风景在光线变化中的效果（比如明暗对比、色彩变化）的精确表达，这在技术上对学习者有着很高的要求。在这一点上，达利却出人意料地表现出了极大的耐心。根据一些艺术史家的介绍，如果去看看达利那一时期的作品，比如，前面提到的《大提琴手里卡德·皮科特的肖像》，就会发现，为了在画面中营造出逼真的光影效果，达利在给这幅画上背景底色的时候，就像一个任劳任怨、一丝不苟的油漆工那样，虽然顾客并不一定能看出来，但为了家具的美感，他还是一遍又一遍地刷上几十遍油漆，直到令自己满意为止。

达利还一度对莫奈的“点彩画法”十分着迷，所谓“点彩画法”，通俗地讲就是用无数细小的点作为绘画的基本元素，通过微观处点的色彩变化，勾勒出宏观的形象，画面的效果就

画室内的自画像
Self-Portrait in the Studio
1919年，布面油画
25厘米×20厘米
佛罗里达圣彼得堡达利博物馆

这幅画和我们通常见到的自画像很不一样，画家并未细致描摹自己的形象，却只画了一个粗糙的正在绘画的人影，似乎是想告诉人们，他想定格的并不是自己的容颜，而是对绘画的热爱。

像是人们隔着一层有着细孔的薄纱去看人和景物。可想而知，这也是精巧的活儿。从某种程度上说，正是这样的绘画练习，为达利打下了良好的技术功底，让他在后来的绘画生涯中，一旦有了什么天才的想法，都能够有办法实现。

虽然还同时受到了“西班牙鲍克林”画派，甚至是立体主义、意大利未来主义的影响，但达利这一时期的风格还是学院派的。达利一生最钟爱的画家是拉斐尔·桑蒂、约翰内斯·弗米尔和委拉斯开兹——这种钟爱就是在这个时期养成的。三人当中，前者是文艺复兴三杰之一，后两者分别是荷兰和西班牙的新古典主义画家，他们都不是那种离经叛道的人，即便在他们自己的时代也不是。达利对他们的喜爱带有个人偏好的原因，这个我们先不去说，但有一点是非常明显的，他们的画都是严谨而精细的。达利曾经说过，他从委拉斯开兹的画中学会的关于光线、反射和镜子的作用，要比在任何科学著作中都要多。在达利这里，我们能够得到一个普遍的观点：即便是像达利这样最为先锋的画家，他的创新背后也有着可能是最传统的东西作为基础。没有技术积累的先锋，要么仅仅停留在观念上无法实现，要么就是“伪先锋”。

达利少年时代的绘画练习，在 1918 年迎来了一次小小的高潮，作为当地艺术家，他的首批作品获得了在菲格雷斯的莫尼西帕剧院展出的机会。对菲格雷斯人来说，达利既是他们的骄傲，又是他们一个消遣的源泉，人们欣赏他的才能，同时又暗地里怀着善意嘲笑：“瞧，现在小达利又往他的画上堆石子了！”达利可不管这一切，他兴致勃勃地准备几幅画，有些是从以前的作品中挑出来的，有一两幅是为了这次展览而特地赶画出来的。他很重视这次画展，因为他知道共有三十来位艺术家要来参展，而且有一些人甚至是来自巴塞罗那。

在展览会上，达利的作品出人意料地受到了专业人士的关注。两位著名的批评家卡洛斯·科斯塔和普依戈·包亚德斯就宣称，从达利表现出来的才能看，他未来的艺术生涯肯定是光辉灿烂的。事实证明，他们的预言没有落空。

二

达利的绘画练习，伴随着他的生活一同前行。这个时期，生活上的变化为达利埋下了很多绘画主题，和最初的绘画练习一样，这些对他后来的艺术之路意义重大。

首先是战争。第一次世界大战从 1914 年开始，到 1918 年结束。战争前后人们会比平静的时候更关注政治。战争结束的时候，达利的少年时代刚刚开始，但浓厚的政治氛围同样影响到了他。有证据表明，在这个时期，达利已经开始具有了诸如“加泰罗尼亚分离主义”“无政府主义”甚至是“社会主义”的思想了，这些政治倾向在他的青年时代曾经一度非常明显，这是后话，我们下面再说。当然，这时候达利对政治的关心还不足以让他成为一个政治的实践者，他不过是发现了这样一个事实：原来政治就像艺术一样，也可能成为他特立独行的一个舞台。战争结束的时候，家乡的人们进行了一次庆祝，由于地理上和法国接壤，同时法国南部也有加泰罗尼亚人，所以人们在感情上都是在庆祝法国的胜利。达利作为学生代表被邀请发表演说，可是他却在大庭广众之下，大谈特谈德国如何如何，苏俄如何如何，被激怒的集会组织者几乎是把达利赶下台的，但是达利很快乐，他觉得自己的演讲很成功——成功地挑战了人们的习惯和忍耐程度。

除了远处的战争，还有身边的爱情。在达利 1921 年去马德里读美术学院前的五年里，达利一直拥有着一份特别的感情。其对象是一个和达利同校的普通女孩，她没有什么特殊的地方，似乎是达利从众多情窦初开的少女中随机挑选出来的。我们可以想象一下他们第一次约会的情况：在一个傍晚或是午后，在某堂无聊的哲学课或是别的什么课后，两个人从学校里溜了出去。他们非常激动，一路狂奔到山坡高处，在一片草地或是灌木丛里，少女朝达利投来火热的目光，她不时地笑着，仿佛是在试探，也像是在鼓励达利。女孩躺下来，达利开始轻轻触摸她的紧身短上衣，然后就是长时间的不熟练的接吻。

我们可以肯定，这不是那种真正意义上的爱情，更像是一种游戏。成年之后，达利就曾经带着一种显然是游戏的语气记述了这样一些细节：当他们接吻的时候，女孩因为患上了厉害的感冒，要时不时地停下来，用手里的小手绢擦鼻子，以至于整个手绢都湿掉了。然而她还是在抽着鼻子，她感到害羞，转过头去，用裙子的下摆擤鼻涕。她的鼻涕，又稀又白，像是眼泪，而且她连续不断地抽鼻子的样子，也让达利产生了她在哭泣的错觉。这非但没有让达利产生厌恶的感觉，反而更产生了接吻的渴望。

在那些时光里，达利曾一遍又一遍地宣称：他并不爱她，因为他不能爱任何一个女人。他将永远独自生活！听听，如果是严肃的爱情，说这样的话是残酷的，但如果是游戏，情况就不一样了。

达利事先和那个女孩约定，他们的约会游戏只进行五年。事实上，如果除去在卡德隆兹和加达凯斯度过的那些夏天，达利严格地遵守了自己的约定。我们很难把达利看成一个玩弄女性的登徒子，因为他似乎对精神而非肉体更感兴趣，这也许是那段时间达利迷恋柏拉图和弗里德里希·尼采的原因。按照达利自己的说法，那五年间，他与这位少女之间什么也没发生过，他们接吻，他抚摸她的乳房，凝视她的眼睛，仅此而已。在这段时间内，女孩一直对达利抱着近似神秘主义的忠诚，这让达利在精神上像是一个主宰者，他可以随心所欲地开发他那些异于常人的情感：比如说，他可以让她强烈地需要他，然后却让一个小孩给她送个便条，说有事不能去赴约了，以此来从对方身上体验未满足的爱情给人带来的那种歇斯底里的状态——情感和欲望得不到满足，这在达利后来的超现实主义绘画中成为一个重要的母题。

当然，少年达利也不是事事得意，没有痛苦。1920 年，他就遭受了人生中最强烈的一次打击——母亲的死，这让他非常绝望。

花园中的年轻女孩
Young Girls in a Garden
1921年，布面油画
私人收藏

温暖的色调带出夏季炎热的气候，两位少女坐在树荫下乘凉，身上印着从树叶的缝隙中洒落的斑驳的光影，一幅怡然自得的景象。

在达利心中，母亲的形象是无与伦比的，她有着远远高于人间一切的圣洁心灵，他崇拜她。他没法接受母亲的逝去，他觉得这一死亡是命运之神的一次凌辱，他紧咬着牙，心头回荡着各种复仇的念头，发誓要从死亡和命运的手中把母亲拉回来，然而一切只能是徒劳。

我想，可能在母亲去世的时候，达利才第一次体验到了人生的孤独和无助，这是深藏在一个玩世不恭的青年内心隐秘的情感，这是一种脆弱的东西，达利没有过多地谈及母亲的死，但是我们在他后来的诸如《欲望之谜，母亲、母亲、母亲》之类的作品中也许能隐隐感到这一点。“母亲”，这也成为后来达利绘画的一个重要母题。可惜的是，母亲在达利的绘画艺术还没有成熟之前就离开了他，这使得达利没有机会给世人留下一幅关于母亲的肖像画甚至是素描，这可能也是达利在其后来的作品里，一遍又一遍地以“母亲”为主题的原因吧。

还需要特别指出的是，达利后来一

有拉斐尔颈部的自画像

Self– Portrait with Raphaelesque Neck

1922年，布面油画

41厘米 ×53厘米

菲格雷斯达利剧院博物馆

这幅画的背景是达利生活过的小村加达凯斯，为了准确传递出小村在阳光下闪烁的美丽景象，达利每天都会在固定时间描摹小村在光线下的样子，最后加上自己照着画室的镜子画下的自画像。

生的伴侣加拉，是一个比达利大九岁的女人，达利曾不止一次地把她比作母亲，说她的身上有着一种母性的光辉。事实上，在后来的漫长人生中，正是她像母亲照顾自己的孩子那样，打理着达利的生活，让他尽可能地免遭外部世界的干扰，专心于艺术。从这个意义上说，达利之所以会选择加拉，也可能是他在母亲去世之后，在这个世界上找到的一个代替品，用以保护他内心中最脆弱的那个部分。当然，这只是我们的一种解读，我们在后面会看到，达利和加拉之间也肯定不只是这样一种单一的关系。

少年达利在生活中积累着能更进一步激发他的想象力和创造力的元素，他在绘画练习中积累着技巧，实践着生活中的感受。现在，在这一章要结束的时候，我们要来解答这样一个问题：少年时代的达利到底是什么样子的呢？语言是不准确和多余的，让我们去看看他的那幅《有拉斐尔颈部的自画像》就明白了：看到他那长长的脖颈和鬓角了吗？还有梳到脑后的长发，那只是他故意要把自己弄得与众不同而已。更要注意的是他的眼睛，你是否在玩世不恭的表情里看到了一丝忧郁和脆弱呢？这是他 1920 年前后的作品，正是他失去母亲不久，也是他将要离开家乡去马德里的前夕。

第 三 章

1921—1926

失之马德里，收之巴塞罗那

我爱慕自我宣传，

因为我的作品主要都是"自我"；

重要的是，我创造了"达利"。

题　记

马德里和巴塞罗那这两座西班牙城市，在达利心中的位置是有着高下之分的。作为一个加泰罗尼亚人，达利只是把马德里看成一个形式和地理意义上的首都，而巴塞罗那才是文化和心理意义上的首都。可能城市也是有感情和意志的，知道人和它的亲疏远近，它也会投桃报李或是捉弄轻视它的人。青年达利离开家乡，在马德里的圣费尔南多学院美术系待了几乎整整四年，虽然收获颇丰，也不乏意气风发的时候，但从总体上说却并不十分顺利，甚至弄到了被两度开除出校的境地；相反，在这四年时间里，达利只是为了他的画展去了一趟巴塞罗那，但在那里竟然声名鹊起，名声甚至远播整个欧洲。可以这么说，达利在马德里收获的东西并没有机会在这里表现出来，而巴塞罗那却慷慨地接受了他。

一

达利中学毕业的时候，犹豫不决的父亲终于做出了决定：让达利继续绘画学习，只要能成就一番事业，做一个艺术家就做一个艺术家吧，也许他命中注定就是为艺术而生的呢。虽然父亲的决定符合达利的要求，但在去哪里学习的问题上，达利并没有选择权，父亲用他一贯的权威吩咐达利，准备好行装，他要带着他去马德里，去考圣费尔南多学院美术系。

对于为什么父亲会选择圣费尔南多学院，达利没有去问，他猜想那不过是父亲遵循了世俗的看法而已：那里是西班牙最著名的艺术院校，那里产生了很多著名的人物，大名鼎鼎的毕加索就是其中的一位。达利并不反对父亲的决定，他知道去那里，生活和绘画都会给他打开更广阔的一片天空，或者干脆地说，更容易出名。

由于母亲已经不在人世，父亲担心比达利小五岁的安娜留在菲格雷斯会感到孤单，所以决定带着她一起动身去马德里。一家人在路上很开心，达利看着第一次出远门的妹妹兴奋的样子，一时间竟然把考学的事情完全抛在了脑后，他觉得他们全家好像只是去马德里度假，待上五六天就回来了，在他心里根本就没有把考试当作什么大不了的事情。他相信努尼艾斯先生说的：自己的素描哪怕只能算最一般的作品，拿到考场上去也会让他轻而易举地被录取。然而父亲却不是这么想，他知道这次考试对于儿子的重要意义，所以显得有些紧张，他可不希望几天之后还带着两个人回来——那意味着达利落榜了。

美术学院的入学考试中最重要的一项是为古代艺术品画一张素描。达利抽到的题是画一幅 16 世纪意大利雕塑家雅各布·桑索维诺《酒神》的复制雕像的素描，这要在指定的考场画，每个考生有六天的时间，每天两个小时。达利很熟悉桑索维诺这位文艺复兴后期艺术家的作品，所以显得胸有成竹。但是，父亲还是很紧张，后来的事实证明，父亲的紧张情绪实际上是帮了倒忙，这让达利的入学考试一波三折，充满了戏剧性。

事情是这样的：

达利的考试按部就班地进行着，到第三天的时候，多事的监考员在院子里和达利的父亲闲聊起来，宣称他认为达利很可能考不上。

“我不讨论你儿子素描的艺术价值，”他说，“不过最起码的一点他都没有做到：他没有遵守考试规则，规则上说得很清楚，素描要具有安格尔用纸的规格，可你儿子画得那么小，人们绝不会把那些空白的地方当成四周的白边的。”

父亲似乎也一下子意识到了事情的严重性，他不知道该怎么劝达利才好：是重新画还是不顾一切地继续画下去。晚饭后，他们散步去电影院看电影，一路上父亲不停地问达利："你觉得有勇气重新画吗？"

达利不说话，他觉得父亲的样子很可笑，用得着这样吗？

那天晚上的电影很沉闷，加上父亲患得患失的情绪多少影响了他，达利的情绪也显得有些低落。所以，躺在旅馆床上的时候，达利没有立刻睡着，他翻了几次身，这时候父亲又反过来劝说达利：

"好好睡吧，别愁这件事了。明天早上再决定该怎么办。"

第二天，在考场里，达利大胆地擦掉了一切，这是父子俩早上的决定。在达利周围，其他的考生都已经画完了素描的主体部分，开始加工阴影、润色细部了，可是在达利的面前，重新出现了一张白纸，这一次，他真的有些担心了。

达利出来的时候，看见父亲一如前几天那样焦急地等在出口处，叼着烟斗。他问达利：

"怎么样，你做了什么？"

"我全擦掉了。"

"那么新画进行得怎么样？"

"连最基础的构图还没有完成呢，我只不过是擦掉原来的东西，然后确定了一下比例。我希望这次能画得更准确！"达利似乎在为自己辩解。

“你说得对，可是……把两个小时都花在确定比例上，未免……有点儿太过分了！你只有两天时间了……看来我不该建议你重新画……”父亲又开始絮絮叨叨了。

晚饭的时候，一家人都显得忧心忡忡。还不太明白发生了什么的安娜，看着父亲和哥哥愁眉不展的样子，觉得这次旅行并不像她开始想象的那么快乐。而父亲一直在为让达利擦掉原来的素描的决定懊悔不已。

像是故意在折磨父亲似的，达利第二天从考场出来告诉父亲的却是：这一次因为感觉把画给画大了，他又把一切都擦掉了。父亲焦急得脸色都变白了，他那双蓝灰色的眼睛里甚至有泪光闪烁。

“我们走吧，”他说着，仿佛是要让自己放心，“你还有明天的两个小时呢，许多次你都是用不到两个小时就画好一幅素描的，对吧？”

达利不说话，他不知道说什么好。

“要是你通不过这次考试，”父亲说，“那就是我和那个傻瓜监考员的错，他搅和什么？如果你素描画得好，大小又有什么关系呢？”

达利似乎有些生气：“我也是这么看的！只要素描画得好，谁会去管空白是多还是少呢！”

“可是你自己跟我说它太小了。”父亲听出了达利的抵触情绪，满怀懊悔地争辩着，同时用手指从日渐稀疏的头上揪下了

父亲的肖像
Portrait of My Father
1921年，布面油画
91厘米 × 66厘米
菲格雷斯达利剧院博物馆

一绺头发。

“我从没说过它太小了，我只不过说它稍微小了一点。”

“可是我觉得，你说的是‘太小’而不是‘稍微小了一点’。”父亲像一个孩子一样继续争辩着。

后来，当父亲觉得这样的争论没有必要再进行下去，想赶紧换一个话题的时候，达利却不依不饶，也许他是真的生气了，也许他只是故意地以折磨父亲为乐。谁知道呢？

最后一天来临了。这一天达利画得出奇地快，才一个小时，他便画完了一切，包括那些最微妙的阴影。最后的一个小时，达利放下手中的铅笔，竟然在考场怡然自得地欣赏起自己的作品来。

考试结束的时候，在出口处，父亲在读一份报纸。也许是前一天的争吵让他不快，也许是因为在他心里已经放弃了考取的希望，他没有主动问达利画得怎样。当达利说“我完成了一幅精彩的素描”之后，他兴奋得几乎叫出声来，

达利笔下的父亲脸部表情严肃，暗示其强势的性格和达利与父亲之间难处的关系。背景则是菲格雷斯港口。

但几秒钟之后，可怜的父亲又掉入了绝望的深渊，因为达利说："不过，它比第一幅还小！"

看来，作为艺术家的父亲，特别是作为像达利这样一个疯狂艺术家的父亲，还真要有着坚强的神经才行。也许是因为父亲的神经不够坚强，达利后来很多行为都让他难以容忍，最后甚至闹到了要断绝父子关系的地步。这是后话，现在我们还是看看达利入学考试的结果：考试的结果像它的过程一样富于戏剧性——美术学院录取了达利，对于他的作品，评审委员会的意见是：虽然此素描并非照规定尺寸画成，但是它极为完美。

二

达利成功地考入圣费尔南多学院美术系，这让一家人非常高兴。父亲已经开始为达利今后在马德里的生活做安排了。首先，他通过一个在马德里算得上是成功人士的朋友，让达利住进了著名的“学院府”学生公寓。“学院府”修建于 1910 年，是一片用于科研和文教的建筑群，地处马德里的市中心，离圣费尔南多学院不是很远。这里的学生公寓不是任何学生想来住就能够来的，除了需要付得起昂贵的租金之外，还必须得有有力的推荐才行。其次，父亲找到了一个名叫马尔基那的熟人，委托他照看达利的生活和学业。这位马尔基那先生是一名诗人和戏剧家，在圣费尔南多学院任教，因为经常能遇到达利，让他照看儿子，一方面可能对达利的学业会有帮助，另一方面，也可以通过他及时地了解儿子在学校的情况。

一切安排妥当，父亲就要带着安娜回去了，走之前，一家人去了马德里最受大众欢迎的电影院看了场电影。观众很多，幕间休息的时候，有人转过头来用好奇的目光看着达利，就像在看一个怪物。父亲这才想起了另外一个重要的问题：达利为了显示自己的与众不同，在穿衣打扮上偏爱奇装异服，这在家乡还不是太大的问题，但这里是马德里，看看影院里的达利的样子——穿着天鹅绒礼服，留着女式的头发，两颊的一半布满胡须，手里还拿着金头手杖——怨不得别人看你，他们不把你当成一个乔装打扮的演员才怪呢。电影结束的时候，父亲郑重地告诉达利，去一趟理发店，收拾收拾头发和胡子，再去做几身时髦的衣服，把自己打扮得和那些西班牙上层家庭里的孩子一模一样。达利推说当天时间来不及了，等到父亲他们一走，他就去收拾。

父亲和妹妹离开了，达利独自留在学生公寓一间十分舒适的房子里，他没有履行对父亲的承诺，学校开学的时候他还是原来那副老样子。很自然，同学们把达利看作是一个从外省来的古怪的家伙。他不爱和人交往，一从学校回到宿舍就把自己关在房间里，不知道在里面干什么。别的同学从学校回来，要么就去街上闲逛，要么去公寓的影院看电影，至少也会三三两两地聚在一起聊天，只有达利，简单而又刻板地穿行在学校和宿舍之间。我们可能会有些奇怪，达利的天性似乎并不应该是这样的刻板才对啊，难道他要去做一个守规矩的学生了吗？

达利之所以会这样，可能有两个方面的原因：主观上，达利明白自己到这里的主要目的是什么——绘画在这一个时期是最重要的事情。在学校他尽可能多地从一些课程，特别是一些关于古典画家的课程那里获得新的东西；回到宿舍，关上门他就开始工作，把自己的灵感和新学到的技巧结合起来实践。只有在星期天的早上，他会跳出这样的“两点一线”，去普拉多美术馆，去画各个流派绘画作品构图的分析示意图。一个又一个月过去了，达利每天坐电车往返于学院和宿舍之间，每天一个比塞塔的车费竟然是他最大的开销。父亲的熟人马尔基那先生知道了达利的情况，写信告诉了达利的父亲，一向在学业上对达利要求严格的父亲竟然来信劝说达利到郊外去玩玩，不要一个人闷头画画，去看戏或者跟朋友到城里散散步，这样可以消除掉一点工作的疲劳。达利后来把自己这段时间的生活称为是“苦行僧”式的，这个形容很贴切：如同内心充满了信仰的僧侣可以忘掉肉体上的痛苦，达利的内心实际上也有着一个艺术信条——艺术不是简单的东西，只有通过艰苦的努力和积累，艺术才有出路。这一点使得他的生活从精神上就能自给自足，任何一种外在的消遣都只可能是画蛇添足。

达利起初这段生活的封闭和刻板，可能还有一个客观原因：他固然因为忙于学习，没有去寻找可以交往的朋友，但更重要的是，在学院里真正可以和达利交流的人少之又少，达利还没有碰到在艺术上志同道合的朋友。说到朋友，后来的几年里，达利在学院中交到的最重要的朋友有这样几个：佩班·贝略、路易斯·布努埃尔、加西亚·洛尔卡、佩德罗·加尔费阿斯、欧仁尼奥·蒙杰斯、拉斐尔·巴拉达斯。前两人后来从事电影，和达利合作了《一条安达鲁狗》，尤其是比达利大四岁的布努埃尔还成为世界级的电影大师；洛尔卡、加尔费阿斯和蒙杰斯后来从事文学，成为西班牙著名的诗人；巴拉达斯是出生于西班牙的乌拉圭画家，后来成为“立体主义”绘画分支和变种的“振荡派”绘画的创始人。这群年轻人当时都在圣费尔南多学院上学，大多出身上层家庭，也都属于学院里一个带有先锋色彩的艺术社团，反叛艺术陈规，被称作“暴动派”，他们和20世纪20年代在巴黎刚刚兴起的“达达主义”，从艺术思想和艺术家做派上都很相似。刚刚入校的这段时间，达利和他们没有什么交往，他的激进与先锋和他们的还不是一回事情。前面说过，达利的先锋是一种和传统矛盾统一的东西。比如说，在学校里他向教授们求教素描、透视和色彩的正确技巧，自己却同时受到充满形而上意味的意大利画家基里科，以及带有明显现实主义特征的英国拉斐尔前派画家的影响；在创作上，既尝试非常古典的画法，又对当时最前卫的“立体主义”十分热衷。有些时候他甚至还像一个古板的学监一样，对学校里那些鼓吹先锋和创新的教授们不满，认为他们更应该强调古典和学院派的技巧。很显然，他的不满和真正不思创新的学究们是不同的，相反，他对那些满口先锋艺术名词，但在创作上一点也不优秀的教师倒是意见颇多。但不管怎么说，那些自称是“革命者”的同学因为没有看到达利的作品，仅依据他在课堂上的表现，从而把达利看成是反对进步的敌人，这样一来，疏远是必然的。达利刚到学院的时候，被别人莫名其妙地叫作“捷克来的画家”，可能就是这个原因。

不过，这种情况只维持了最初的几个月。有一天，布努埃尔无意中发现了达利宿舍中的绘画作品，他告诉洛尔卡说，他觉得这个奇怪的“捷克来的画家”画得很好，洛尔卡说他也注意到了，确实不错。之后，他们把达利立体主义风格的作品抬得很高——这正好符合了当时的先锋潮流。洛尔卡在当时曾经写过一篇《献给达利的颂歌》，表达了达利给他们带来的惊喜，他说：“一种对形式和限制的向往战胜了我们。那个用黄色码尺丈量的人来了。”在这些有着先锋精神的艺术青年的眼里，达利是他们所能亲身接触到的人里面那个可以作为标尺的人。

我们知道，达利是一个充满了自我表现欲的家伙，别人一追捧他，他也就很乐意和他们交往了。从这个时候起，达利放弃了部分“苦行僧”式的生活，在各种正式非正式的先锋艺术沙龙中，开始出现他的身影——他在那里高谈阔论各种奇思妙想，指点着从艺术到政治的各种事物——他成了学校先锋社团的领袖和核心，和一些同样的先锋或伪先锋的青年人一起过着放荡不羁的生活。不过，应该指出的是，达利在艺术上并不是一个浮躁的人，在艺术学院，他一直没有中断各种符合自己艺术理想的经验积累，他可以和朋友们在酒馆一直喝到天亮，也可能一个人在咖啡馆里悠闲地度过整个下午，但回到宿舍，他还会执着地拿起画笔，小心地寻找着灵感和主题，认真地作画。

也就是说，生活的外在形态变了，但达利内心中那种坚硬的内核却没有变。

要更直观地了解达利这种“在变化之中依然故我”的情况，我们需要再一次回到达利进校之前父亲跟他提到的外表问题。达利的外表，正如他父亲所担心的，一开始确实受到了同学们的嘲笑，包括这些后来成为朋友的人，但是当达利受到先锋青年们的追捧之后，爱屋及乌，他们把达利的装束也当作他与众不同的优点予以接受。

有一天下午，达利和这帮朋友到马德里一处高档餐馆吃茶点，除了长发和胡须，他还戴着一顶大的黑毡帽，叼着一只从不点燃的烟斗，穿着短裤加中筒袜，配上一副绑腿，由于担心下雨，他的身上还有一件几乎拖到地上的防雨斗篷。你想想，达利这身打扮，肯定是刚一进门就会发现自己的穿着招来了那些衣冠楚楚的客人们的指指点点，也许连门童和服务生对他的态度都十分傲慢。达利感觉没什么，他平常习惯了这一切，倒是那些朋友们不干了，特别是体格强壮的布努埃尔，他露着胳膊，像是要跟那些投来惊讶和嘲笑眼光的人打架似的，警惕地盯着周围，那意思像是在说：“我们的朋友难道像只下水道里的老鼠不成？就算是这样吧！可他是你们从没见过的最重要的人物，要是你们哪方面有一星半点不敬，我们就打烂你们的脸。”

走出餐馆的时候，达利做了一个决定，他对朋友们说：“你们干得不错，不过我根本不想再坚持下去了。明天，我就要像大家一样穿戴！”朋友们的失望是可想而知的，他们很难理解为什么达利会做出这样的决定，我们也不知道。也许，突然之间，达利厌倦了奇装异服，也许达利从马德里高级场所的贵夫人看他的目光里感到了不舒服，反正他的决定一出，不可更改。

达利开始了改头换面的行动。第一步，先随便找一家理发店，把头发剪短；第二步，去另一个高级场所——著名的里茨饭店的理发店，对头发做精细的修剪，之所以不直接来这里，是因为他不想让自己到这里时再受到那些理发师的鄙夷；第三步，去马德里最高级的西装店，让裁缝用最考究的面料为他做几套合身的衣服；第四步，用一种特殊的发网束住剪好的头发，用头油把头发擦得光可鉴人，让它变成了一种均匀坚硬的膏状体，仿佛在头上套了一个黑色的头盔似的；第五步，再去弄一个上层社会流行的有着皮质手柄的手杖，代替自己原来的那个黄色金属手柄的手杖。达利就这样重新出现在美术学院的课堂上，虽然和大家的差别没有以前那么大了，但这些行头放在达利身上，却有着更加戏剧化的效果。你想，那一头拍上去就会发出金属般声响的短发和原本的长发，有什么本质的区别吗？那一身考究得有些过分的衣服和不修边幅的穿着，不是同样引起人们的侧目吗？外表是改变了，但是是从一个极端变到了另一个极端，没有变的是他那依然故我的对独特性的狂热。

达利完成了外表转变之后问自己：“我跟别人一样，也是

个白痴吗？”

我们回答他：“你是个聪明的家伙，你用一种‘戏仿’手法，嘲弄了自己的对立面，同时给自己带来了本质上和原本的奇装异服同样的快感——那种源于独特性的快感。”

马德里醉汉
Madrid Drunk Man
1922年，墨水画
21厘米 ×15厘米
菲格雷斯达利剧院博物馆

戴着高帽的醉汉手中握着酒瓶，歪斜的房间、楼梯和钟楼，天上的月亮也带上了奇怪的表情，整幅画作就是一个醉汉眼中的世界，一个现实和想象的结合体。

三

达利在圣费尔南多学院的好日子开始了，不过，开始不久就结束了。

那些好日子是什么样的呢？对“个体”达利来说，那是一种在物质上过着纨绔子弟的生活，在精神和艺术上探索多种可能性，没有任何羁绊的状态；而对于“群体中的”达利来说，那是“恰同学少年，……指点江山，激扬文字”的时期——在与那帮朋友的相互砥砺之中，不管是意见一致还是观点有冲突，给个人带来的收获都是巨大的。从某种程度上说，专业学习只是提供了艺术家需要的材料，而组织这些材料的思想和观念却是在类似饮酒闲谈或午夜高歌的过程之中慢慢形成的。

比如说，在那段时间，达利形成了一种影响了他很长时间的社会观念和艺术观念，一种带有浓厚的激进的“个人主义”色彩的东西。他认为个人在社会中的幸福或是不幸是个人的经历和原因造成的，所谓的社会革命也只有触动了个体生命经验中的某些部分，对个人来说才可能是真实的，否则，不论外面的世界是战争还是和平，是哪一个阶级或者阶层掌握着政权，是民主还是独裁，对个人来说都是不重要的。达利找到了弗洛伊德的“泛性论”和“精神分析学说”，将之视为和自己想法不谋而合的思想。

我们知道，弗洛伊德认为人类活动最基本的推动是原欲和本能，而艺术不是理性的结果，是原欲和本能的升华。按照弗洛伊德的说法，人的心理结构是多层面的，它包括了无意识、前意识和意识，与之相对应，人格也有三个层面：“本我”“自我”和“超我”。“本我”处在最底层，表现为一种无意识状态，是“本能的人”，原欲就蕴藏在本我之中，本我遵循着一种“快乐原则”，也就是说，它有着一种与生俱来的避苦趋乐的动机。“自我”处于人格的中间层面，是“现实的人”，它的作用是调节享乐原则和现实环境之间的矛盾，表现为用一种“前意识”，按照“现实的原则”来修正无意识和现实的矛盾。“超我”则是一种“社会的人和道德的人”，其表现为按照“社会的原则”来压抑“本我”的冲动，用意识来压制无意识。在一般的情况下，“超我”和“自我”可以做到对“本我”的控制，但这种控制是一把双刃剑，它一方面规范了人在现实和社会中的思想和行为，另一方面，如果“原欲”长时间地处在被压抑的状态，人又会崩溃和毁灭。所以，“本我”总是力图突围，力图让无意识穿过前意识和意识，把它的影子投射到人们的脑海中。弗洛伊德认为梦境之所以有意义，就是因为在睡眠状态下人的意识活动比较薄弱，这时候无意识就比较容易通过一种曲折的方式，用梦的形式表现出来。与此相类似，审美和艺术创作被他解释为一种“白日梦”——人通过艺术的幻想和想象，有意识地要进入一种无意识状态。在他看来，文艺就是用一种社会可以接受的方式，来补偿“原欲”在现实中无法得到满足的情况。这样，很多诸如艺术之类的带有社会性的东西就被他归结到“个体”无意识的本能上去了。

很明显，弗洛伊德的理论是一种巨大的创新。在西方有一种很流行的说法，认为弗洛伊德、卡尔·马克思，还有西方现代社会学的奠基人马克斯·韦伯这三个“犹太人”，改变了整个现代社会的思想。客观地说，弗洛伊德把社会发展层面上的很多问题，把个人在社会中的状态的内在原因都归结到“个体动物性的本能”上，是有失偏颇的，不过，这正好符合了当时达利的想法，他在朋友聚会中不断地利用弗洛伊德的观点解说社会时事和艺术理想，超现实主义早期的艺术观念和对非理性梦境的描摹，已经在这一时期达利的画中开始孕育了。很显然，这些不是能够从专业学习中，而是在思想的交流和碰撞中产生的。

我们可以讲述这样一个故事，来表明这种交流和碰撞在当时达利的生活和情感中的重要性。

在 1922 年某一天接近中午的时候，一群朋友坐在列吉纳咖啡馆的露天座位上聊天。咖啡和白兰地使得人们的思维都处于一种亢奋的状态，他们进行着关于无政府主义的激烈争论。多数人赞成总有一天世界会变成斯大林主义式的自由社会主义，达利则认为幸福或不幸只是一件完全属于个人的事，非但与某种社会结构毫无关系，反而应当通过系统地破坏一切来增加危险和集体的不安全感，以便传播苦闷。根据精神分析学，苦闷是快乐的本源。在这种作用和反作用中，会出现一种精神的结构或形式，而不是出现一些理性的、机械的、官僚主义的机构，后者只能导致丧失个性，只能导致平庸。论战使得人们的思想越来越清晰，它绝没有修正达利的各种观念，恰恰相反，它总是证实着它们。

后来他们动身去雷克脱尔俱乐部，这是马德里最漂亮的场所之一，有上好的香槟供应。布努埃尔像是一位主持人，决定活动开始时先喝威士忌，并吃点餐前点心，然后再畅饮香槟酒。这个主意显得极妙，于是大家马上开始边争论边吃喝。虽然他们激进地衷心赞成进行革命，但怎么进行呢？以何种方式着手呢？为了什么？一切都并不能一下子说清楚。在此期间，达利要了份冰镇薄荷酒，以便耐心等待下一份威士忌，他觉得既然今夜并不存在任何爆发革命的危险，那么当然还有时间吃喝争论。

当浓烈的威士忌从面前拿开，换上爽口的香槟酒的时候，讨论的话题也要换换了——政治的话题被抛弃，他们开始了“爱情”和“友谊”的主题。直到凌晨五点钟，雷克脱尔俱乐部要关门的时候，他们依然意犹未尽。在一切进行得如此美好之际，必须回去睡觉真是太残酷了！朋友们拔掉新一瓶香槟酒的塞子，眼含热泪。旁边黑人乐队开始演奏最后一首爵士乐，钢琴和小号的音色与节奏令他们内心激动不已。最后一瓶香槟酒使朋友们达成了一个庄严的协议——十五年后在同一地点再次相聚；无论他们的生活中遇到什么事，无论他们的政治见解是否相左，或是遇到了什么样的物质困难，无论是身处异国他乡还是留在马德里，都要做到这一点；即便到时候雷克脱尔俱乐部不在了，也要在它的原址上聚会——他们发誓保证遵守这个协议。

为了给誓言留下凭证，七个朋友把餐桌上写着雷克脱尔俱乐部名称和桌子编号的一块纸牌撕成七份，每个人得到一份，在上面写下各自的签名和当天的日期，还用手蘸着香槟酒为协议盖了印。我们可以想象一下，当时的情景是怎样动人而又富有诗意！

几年以后，当达利在巴黎遇到一位故友，对方还拿出了保存得完好无损的纸片，算着还有多长时间，这个聚会就会到来了。现在我们回过头去看这个故事，我们已经知道在十五年后，誓言并没有得到履行——西班牙激烈的内战把雷克脱尔俱乐部所在的那栋建筑变成了一座血淋淋的战地医院。达利曾经说如果虚构这样一个故事：当年聚会的这七个人，虽然在漫长或是短暂的十五年中被时间，也被顽固而又狂热的仇恨分开了，但是他们超越他们的激情，忠于许下的诺言，每个人都拿着那张纸片，同时带着自己这十五年的历险记，在此重聚了——那这一定是一部美妙的小说或电影。

不过达利可不是好莱坞二流的文艺片导演，他重视的肯定是诸如当年聚会那样的生活给他的精神带来的快乐，而不是这个聚会到底有没有实现。从这个意义上说，达利提到这场聚会，实际上是对自己在圣费尔南多学院不长的一段好日子的美好回忆。

生活的外在形态和人的内心世界完美地结合在一起的日子总是短暂，更多的时候，人们总是在生活的不顺中追求精神上的超越。达利更是如此。他在圣费尔南多学院刚过上美妙生活不久，就遭受了一个不小的打击——被学校勒令退学。我们可以猜测，校方可能早就注意到了达利的言行有着诸多不符合学校规定和社会伦理的地方，也许只是在等待一个合适的时机来惩罚他一下。当然，也可能仅仅因为达利提到的这样一个孤立的事件，很不“走运”地成了校方显示自己权威的牺牲品。

事情是这样的：

有一天，达利一到学校，就发现一群学生争着比比画画，没完没了地讨论着什么，很是激愤的样子。他一打听才了解到他们反抗的原因，原来，为了给一个很优秀的班级配备一位新的绘画教授，学院准备了一次竞赛活动。竞争者人数众多，教授候选者每人完成两幅画，一幅是命题创作，另一幅是自选创作，在学院内部展出，供人们作为评选的依据。在达利眼里，大多数的作品都极为平庸，只有一个叫达尼埃尔·瓦斯凯兹·狄亚兹的教授那两幅画除外，这两幅画的风格跟当时被称为“后印象主义”的风格相似，虽然瓦斯凯兹·狄亚兹还没有像达利本人那样，达到最先锋的立体主义的阶段，但达利平时就很欣赏他。在达利的影响下，学院里那些最积极、最有才气的学生中，有些人早已经迷恋上瓦斯凯兹·狄亚兹了。不幸的是，学生们了解到，由于一些卑鄙的阴谋，瓦斯凯兹·狄亚兹将被排斥，取代他的是某个平庸的家伙，此人根本不配获得竞争的教授职位。学生们提议达利作为代表，向校方表达他们的不满——这很自然，一段时间过后，他们早已把充满反叛色彩的达利当作反叛行为的旗手了。

在学校的展览厅里，当最后一位竞争者简短陈述了他的教学法之后，评审团退场进行评议，他们回来宣布任命的教授果然不是瓦斯凯兹·狄亚兹，而是那个学生们不喜欢的人。在主席致结束语前，达利急匆匆地站起身走掉了，其实他不是故意给学校主席难堪，而是因为他真的有别的事情要去做——他在先锋团体的那帮朋友们正在参加一个由后来成为西班牙共和国总统的曼努埃尔·阿萨尼亚领导的知识分子会议，达利要赶过去。

这次提前退场的严重后果是达利怎么也没有想到的，第二天，他回到学校的时候竟然得知，由于昨天的事件，他被除名了。原来在达利走后，学生们开始辱骂评审团的成员，并恐吓和痛打他们。结果，评审们不得不把自己锁在学院大厅里，要是警察没赶到校园，大家甚至会用长凳撞开大厅的门，把这些院士赶走。

那个时代，西班牙国内的政治情况比较复杂，各种政治流派和政党不仅直接进行激烈的斗争，常常有政变和起义之类的事情发生，而且还不遗余力地通过政治宣传争夺青年的支持，所以，在这样政治敏感的环境下，学校认定这是一次有组织有预谋的政治行动，它极大地损害了学校的权威。他们要找到造反的头头，并挖出其背后的政治图谋。很显然在这样的情况下不论达利自己如何辩白，也是无济于事的。他只能被当作煽动学生闹事的组织者而被圣费尔南多皇家美术学院除名一年。不仅如此，此后没几天，当达利从马德里返回菲格雷斯之后，国民卫队也到了，他们拘捕了达利，罪名不再仅仅是煽动学生，还包括宣传社会主义和加泰罗尼亚分离主义，看来校方和官方早在这次事件之前就开始暗中关注达利了。

达利进了吉罗那监狱，直到一个月后，因为证据不足，他才得以获释。这是达利一生中唯一的一次监狱生活，我们可以推想，当时达利的心情肯定是郁闷的，但事情过后他反倒把这当作是自己的人生财富和光荣。达利与一些政治犯关在一起，他们的朋友和亲人往监狱里送了一大堆东西，每天晚上，他们都有香槟酒可以畅饮，还可以聊天，这让达利很自然地想起了马德里雷克脱尔俱乐部的那些日子，他有时候会从吉罗那监狱的铁窗凝望外面的世界，心中总是有一些伤感。不过，令青年达利高兴的是，他发现自己终于像他一直期望的那样，从外表到内心都成功地变老了一点，这对一个男人来说，预示着成熟。

四

对于达利在马德里生活上的变故，达利父亲的态度是暧昧的。一方面，他对当局逮捕达利的理由不以为然。加泰罗尼亚分离主义？对于任何一个加泰罗尼亚人来说，加泰罗尼亚都比西班牙重要得多，如果这也被看成是想把加泰罗尼亚从西班牙分离出去的表现的话，那他在菲格雷斯的每一位朋友都是分离主义者。在这一点上，他并没有责怪儿子的意思。另一方面，父亲对达利被学校开除的事情却耿耿于怀：为什么不把注意力放在学业上，干吗要那么投入地参与那些幼稚而无意义的学生活动呢？

达利从监狱回到家乡，面对表情严厉的父亲，他不知道父亲心里到底是怎么想的，也不知道该跟他说些什么。父亲在晚餐时回忆起当年达利在菲格雷斯上学庆祝一战胜利的时候发表讲演的往事，他告诫达利，既然选择了艺术，那么到任何时候，都不要把自己的才能和精力投入到那些艺术之外的事件当中去。达利在监狱的时候，父亲曾积极地通过各种关系想让儿

我妹妹安娜·玛丽娅·多梅内克的肖像
Portrait of My Sister Anna Maria Domenech
1923年，纸版油画
89厘米×46厘米
私人收藏

这幅漫画风格的清新画像充满了童趣色彩，人物衣着和头饰清爽淡雅，嘴巴和鼻子几乎与脸部融为一体，但那双圆溜溜的乌黑大眼睛给画面增添了俏皮的活力。

子早些获得自由，为此达利很感激父亲，现在父亲当着他的面教训他几句，他没有理由去顶撞他。不过，达利内心并不像他表现出来的那样顺从：艺术从来就不是独立于世界之外的，他觉得自己的本性以及世界的现实状况，都不允许他将来按照父亲所说的那样去做。

刚刚出狱的达利显然心情不错，饭后他还出去看了一场电影，在菲格雷斯街头，早就听说了达利的事情的人们热情地和他打着招呼，还不时地和他攀谈几句。达利觉得在他们眼里，他的行为非但没有让家乡蒙羞，反而是光荣的。晚上回来的时候，父亲跟达利说，既然事情已经出了，那就积极地去接受它。他让达利好好利用这段“休假”的时间，专心地画一些新作品，同时他也会积极地和学校交涉，争取能让达利早一点重返圣费尔南多学院美术系。

之后好长一段时间里，达利像童年时一样在菲格雷斯、加达凯斯和卡德隆兹三个地方过着平静的生活。但是现在

站在窗前的少女
Girl at a Window
1925年，布面油画
102厘米×75厘米
马德里索菲娅王后国家艺术中心博物馆

妹妹安娜对达利来说是一位可亲的支持者，尤其是在他举办第一次个人画展的时候。他以妹妹为对象创作了不少实验性的画作，还以此向自己的偶像安格尔致敬。

的情况已经是经历了“马德里生活”之后的平静了，这和无忧无虑的“加泰罗尼亚的童年岁月”相比，是一种螺旋式上升之后“否定之否定”的状态。所以，在一种平静的外表下，达利却过着和刚到圣费尔南多学院类似的“苦行僧”式的生活——除了画画还是画画。

在达利的一生中，可以说只有这段时间，他把绘画和家庭生活完美地结合了起来：在此之前，达利的绘画还非常稚嫩，还不足以画出关于父亲或妹妹的杰作；在此之后，达利再也没有这样整段的时间和家人待在一起，即便在绘画艺术上突飞猛进，也没有机会再为父亲和妹妹作画了。

达利记得，画那张《艺术家父亲的肖像》的时间，是在1925年初夏，天气已经热了起来，地点是在卡德隆兹那所避暑的房子里。习画多年，父亲第一次要求达利为他画一幅作品，这让达利很紧张，他不知道，站在父亲对面，支着画架，让父亲按照他的要求摆出某个姿势，然后不要动，那会是怎样一种情景。虽然不久前，达利刚刚画了一幅铅笔素描——《肖像：艺术家的父亲和妹妹》，但这一次可是正规的油画作品，他一点都不敢马虎。达利画得很仔细，分了十五次才最终画完。看着油彩还没有干的作品，父亲除了说了些诸如“对特征把握得比较准确”之类不痛不痒的话之外，对画本身没有多加评论，却谈了很多绘画之外的事情。达利知道，父亲还没有完全从自己被学校开除，又因政治原因遭到拘禁的阴影里解脱出来，所以尽管对父亲的言下之意非常清楚，达利也还是安静地站在画架旁一言不发。

与为父亲画画相比，达利为妹妹安娜·玛丽娅画画心情就轻松多了。而且，一般情况下，总是达利主动要求安娜来当他的模特，而安娜总会欣然接受。根据安娜后来在她的书《萨尔瓦多·达利》中回忆：“这段时间，我哥哥无数次地画我的像。许多是对头发和裸背的单纯的研究。”那个时候的安娜已经长成了亭亭玉立的少女，达利发现妹妹的背影非常迷人，这触发了他画《从背后看，坐着的少女》以及《站在窗前的少女》的冲动。画《站在窗前的少女》是在卡德隆兹的那所房子里，达利一次又一次地让妹妹站到窗前，面向窗外的大海。达利知道妹妹有点崇拜自己，他记得，有的时候，为了找到一个合适的光线投射的角度，他会反复地让妹妹调整位置，而在那些摆姿势的长长的时间里，作为模特，安娜从来没有厌倦过。由于哥哥喜欢画她的背影，那段时间里，安娜因此竟然养成了忘记其他的一切而站在窗前看风景的习惯，以至于当作品已经完成，安娜还会不自觉地在窗前站上很长时间，而当她回过头，才会意识到原来哥哥已经不在身后，放在那里的只有一幅还没有来得及装框的作品，从那上面，安娜有生以来第一次看到了自己的背影，她很激动，因为她觉得哥哥把她画得很美。

五

1925 年夏天，达利得到了两个好消息。一个是：在父亲的努力下，学校暂时收回了对他的处罚，暑假一结束，他就可以回到学校了。另一个是：他收到了来自著名的达尔莫画廊的邀请，请他去一次巴塞罗那，为举办第一次正式的个人画展的事情商谈一番。在巴塞罗那，达利的作品曾在 1924 年“伊比利亚艺术家协会”组织的一个学生作品展上展出过，并且引起了当地艺术界的关注。达利被认为是新一辈画家中极有前途的一个，这也是达尔莫画廊邀请他的最重要的原因。所以，在重返马德里之前，达利去了一次巴塞罗那，他带去长长的作品目录，这其中就包括关于父亲和妹妹的那些画。

达利不是第一次来巴塞罗那，但这一次，他觉得巴塞罗那特别迷人、特别亲切。整个城市依山傍海、地势雄伟，气候舒适宜人，市区内哥特式、文艺复兴式、巴洛克式建筑相互辉映。从和平之门广场到加泰罗尼亚广场之间，以大教堂为中心，有无数的老式建筑物。坐落于老城区的加泰罗尼亚广场是巴塞罗那的中心广场，而哥特区是巴塞罗那老城最核心的街区，因保存有很多 13 至 15 世纪的哥特式建筑而得名，达尔莫画廊就在那里。

事情进行得很顺利，画廊老板达尔莫先生原本也是画家，在品位上偏向于先锋性的作品，所以他很快就定下了达利个人画展的具体时间——1925 年 11 月的某一天。他还跟达利商量，将派专人和达利一起去他的家乡挑选画作，画展还有三个月就要开始了，得把参展的作品定下来。当然，他们还商讨了一些商业上的问题，达利从这个时候开始，将会不断遇到这样的问题，绘画将不再仅仅是画布和颜料，也将是金钱和地位，他得早一点学会处理这样的事情。

达利在开学的时候回到了学校，那些先锋团体的成员为他举行了一个欢迎仪式。他们说，少了达利，马德里的生活就无聊了许多。他们为达利准备了礼物，给他买了鞋，为他定制特殊的领带，甚至还在剧院里为达利订了座位。

但是达利的情况出现了一点变化，因为有了上一年的教训，父亲决定每月只给他很少的一点钱，够他维持生活就可以了。父亲希望通过这样的经济手段迫使达利远离原来的那种放纵的生活，不要再在学校里捅出什么娄子来。不过，父亲想错了，达利在学院的生活和上一年没有什么本质的改变，他一如既往地和那帮朋友混在一起，一如既往地像一个富家子弟那样大手大脚地开销。一方面，父亲虽然不多给达利钱，但达利时常不是用现金付账，而是把很多开销直接记在了父亲的名下。出于责任，达利父亲是没法不去支付那些署了他名字的发票和账单的。另一方面，那群朋友们也在千方百计地弄钱，也许只是为了一个晚上的畅饮和玩乐，他们就可以卖掉自己的贵重物品，然后跟家里说丢了。他们还利用富家子弟的声誉和身份，向别人借钱，而且总是让债主把账单放到他们父母的面前。

好在达利第一次的个人画展在巴塞罗那如期举行了，而且反响热烈，这给了父亲巨大的安慰。1925 年的最后一天，当新年的钟声就要敲响的时候，已过花甲之年的父亲准备了一本小册子用于记录儿子的艺术事迹，在第一页他写下了这样的话：

> 经历过二十一年的照料、焦虑和努力之后，我终于能看到我的儿子有可能给自己提供生存的必要条件了。一个父亲的责任并非如人们认为的那样轻松。一次又一次让步，我不时会完全听任他超越和拒绝我希望的那一切。不管怎样，我们，他的父母，不希望他完全投身于从童年起就显示出他命中注定要为之而生的艺术。我继续确信艺术并非谋生的手段。它不过是我们在闲暇时能沉湎的一种精神错乱。我要补充一句，我们，他的父母，相信要成为一名一流的艺术家是极其困难的事。我们懂得一事无成者的种种苦涩、悲哀和绝望，我们尽全力使我们的儿子相信从事他所选择

的自由职业是错误的。然而，在他中学会考后，我们应当承认这一事实：他想当画家的志向比一切都强烈，我不认为有权阻挠如此坚定的志向，此外还有一个更有力的理由，即他在其他一切领域都表现出“智力的迟钝”。鉴于我们面临的情况，我向我的儿子提出了一个妥协的办法：让他进马德里美术学院，在那儿学习所有必要的课程，以获得绘画教师的资格证书。具有这个资格，他就能申请一个可以使他免受各种物质困苦的大学里的职位。那时，他就可以完全投身于艺术了，而我也就会为他的生存放心了。最好，他能过着艺术家的生活，而没有那种令一事无成者变得十分乖戾的经济麻烦。这就是我们面临的处境！我本人将信守我的诺言，让我的孩子获得他一切的物质需要，能完成他的艺术教育。这一努力是十分巨大的，因为我并不拥有私人的产业，我所花费的一切都出自我公证人的收入。每个人都知道菲格雷斯的公证人们并不常做黄金生意。目前，我的儿子在他的学校里上课，虽然有一些障碍，但这并不是由于他的原因，而是来自我们那些教育中讨厌的安排。校方认为他学习的进展状况是良好的。他已经学完了两级的课程，并得过两次奖赏，一次是艺术史的，另一次是色彩学的。我写了“校方”，这是因为他作为学校的学生会做得更好，但在那儿，他对绘画的热情影响了他学习校方的课程。

他把大部分时间花在为自己画画上，随后他把画好的作品送到展览会上去。他在展览会上获得的那些成功，超出了我的预料。显然，我宁愿这些成功来得晚点，来在他获得有保障的教师职位时，这样他就不会想收回他的诺言了。尽管写了这些，如果我声称我儿子的成功让我不快的话，那我就是在撒谎了。即使我的儿子最后不能当教师，围绕着我的所有这些东西也足以使我十分确信他的艺术方向不是一种错误。任何一种别的职业，都有可能是场灾难，因为他只感到自己有绘画的天赋。

这本册子同样包含着一些关于他中学时代、他被开除和他在监狱中度过的时光的有用资料，对任何一位想判断他是否是个够格的公民的人，这些资料或许是有益的。我每天收集记录，只要今后能了解到与他有关的东西，不管是好是坏。我都会长久地继续这么做下去。翻阅这些东西，我的儿子作为艺术家和公民的真正价值就会显示出来。那些有耐心看完这一切的人，会对他做出公正的判断的。

公证人萨尔瓦多·达利·库希

1925 年 12 月 31 日于菲格雷斯

客观地说，达利让用心良苦的父亲失望了，这是一个艺术家父亲的悲剧，但是，对于现代艺术史乃至对于艺术本身来说，达利的“不思悔改”却是一件幸事。在新的一年里，达利一方面继续和那帮朋友厮混在一起，还不时地结识一些优雅的女人，从她们身上得到情欲上的满足。虽然有的时候，也会因为忌妒，和团体里的其他成员特别是洛尔卡有些龃龉，但从总体上说，上一年中诸如雷克脱尔俱乐部那样的日子还是时常光临，这让达利很快乐。另一方面，达利在绘画上进入了他自己所说的“新立体派学院期”，原本的“后印象主义”和“新写实主义”的画风中越来越多地出现立体派大师格里斯和毕加索的影子，他甚至把毕加索登载在《当代艺术》杂志上的作品撕下来，挂在自己房间的墙壁上。他越来越醉心于几何学、有规则的图式以及和黄金分割有关的构图技巧。这段时间他画了不少幅这种风格的成品，大多不是画在画布而是木板上，这其中的代表作品是《倚躺着的女人》《维纳斯和丘比特》《岩石上的形象——潘亚·塞吉斯》等。我们可以发现画中的构图非常细致而精确，多层次的色彩和线条使得人物的形象和轮廓复杂多变，我们去看 1925 年毕加索的作品《三个舞蹈者》，可能会有类似的直观感受。这些可能是达利这一年在马德里最大的收获了。

如此这般有了大半年的时光，1926 年 10 月 20 日有人通知达利，他被学院永久除名了。由于圣费尔南多学院是皇家学院，所以国王亲自签署了开除达利的命令，就登在当天的报纸

维纳斯和丘比特
Venus with Cupids
1925年，木版油画
23厘米 ×23厘米
私人收藏

这幅画中的维纳斯和丘比特的身形都非常结实粗壮，和人们印象中的柔美形象相去甚远，倒是与海边陡峭坚硬的礁石相呼应，这种大而稳的构造让人想到毕加索早期的风格。

上，校方给出的还是去年煽动学生闹事的罪名。达利对这件事情早有心理准备，这段时间以来，针对学校对于他的画展的质疑，达利一直宣称学校根本就没有资格对他的作品说三道四，这惹恼了学校评审委员会的那些老爷们，他们一直在旧事重提——一方面对达利花天酒地的生活很不满，另一方面想到去年学生闹事的事情，他们还是心意难平。

达利对马德里没有什么留恋，按照他的性格，开除就开除，没有什么大不了的。但实际上达利还是觉得有些郁闷，主要原因是他不知道该如何向父亲交代。他准备像上次那样回菲格雷斯努力地工作一年，然后再说服父亲送他去巴黎继续学习。但是父亲还会相信他吗？他怎么能知道一旦到了巴黎，达利又会干出什么样的事情呢？

达利独自一人走在马德里熟悉的街道上，整个下午他走过了百十来条街道，在 10 月明亮的光线下，马德里像一块脱离肉体的大骨头，微染着血的各种粉红色调。夜晚来临了，达利去了雷克脱尔俱乐部，坐在心爱的角落里，一直待到黎明，与平时的习惯不同，他只喝了两杯威士忌，没有喝醉。出来的时候，达利受到一位衣衫褴褛的矮小老妇人的纠缠，她浑身发抖，不停地向他乞讨。达利绕开她，继续走自己的路。有位很美的姑娘在卖栀子花，达利给了她一百比塞塔，买下整整一大束花，随后突然转向还跟在他身后的那位矮小老妇人，把花当礼物送给了她。在黎明淡蓝色的光线中，达利看见老妇人茫然失措地站在人行道边上，她手臂里的一篮栀子花形成了一团白色块，这让达利深刻地体验到了这座城市的本质：不同的人——像老妇人一样的“平民”和自己这般的“贵族”——把命运融会在了同一个历史时刻。

第二天，达利随便收拾了一下行李，就离开马德里，回到了菲格雷斯。父亲垮了，这次开除毁掉了他看到达利从事官方职业的全部希望，他的脸上满是悲怆和苦涩，甚至几天之后，达利告诉他自己的第二次个人画展将于年底在达尔莫画廊举行，他还是那个样子。

说到个人画展，第一次的画展倒是给达利的事业带来了新的机遇。巴塞罗那真是达利的福地，达利身在菲格雷斯，巴塞罗那的人们却对这次展览谈了很多，甚至还出现了论战，虽然对此达利不是很关心，但有一件事情却让他激动不已，因为从巴黎的艺术界传来一些消息，说在西班牙刚刚发现一位名叫达利的新画家。达利是怎么在巴黎获得名声的呢？原来 1926 年毕加索路过巴塞罗那的时候，碰巧在画展上看到了达利的那幅《站在窗前的少女》，对它赞不绝口，接着毕加索的意见就在巴黎的艺术圈子里传开了。

达利马上意识到这是一个机会，他要去巴黎，去见毕加索。碰巧在这个时候，达利收到了布努埃尔的信，他也建议达利去一趟巴黎。那时候，布努埃尔因为他激进的无神论思想，因为对腐朽的宗教体制和堕落的资产阶级的无情批判，受到西班牙政府的迫害，已经流亡到巴黎一段时间了，作为当时法国著名的戏剧和电影导演让·爱泼斯坦的助手，开始从事电影艺术。他充满感情地说巴黎绝对是一个寻求艺术发展的好地方，如果达利去那里，那么他们两个人也许可以合作，去获取他们一直都渴望的成功。

第 四 章

1926—1929

『加拉·萨尔瓦多·达利』的诞生

疯狂只能存在于艺术，

若是存在于科学则为假设，

而存在于现实生命则是悲剧。

题　记

达利注定要踏出西班牙，走向整个欧洲乃至世界的文化艺术中心——巴黎。那时的加拉还是超现实主义诗人保尔·艾吕雅的妻子，他们在巴黎的艺术圈子里交游广泛，所以达利和加拉的相识是迟早的事情。这段时间，是达利用绘画和电影征服巴黎艺术界的时期，也是加拉征服达利的时期。在那些往返于家乡和巴黎的生活中，达利像一个快要登基的君王那样踌躇满志，又像是一个还未长大的孩子一般徘徊在加拉的身旁。“加拉·萨尔瓦多·达利”的诞生对达利来说，是一件意义特别重大的事件，达利从一开始就意识到了这一点，而且一直在渲染这一事件的重要性。

一

1927年年初，达利第一次去巴黎。他陪着姑姑、妹妹一起去巴黎旅游，当然这不是单纯的旅游，他此行的主要目的是去拜访毕加索。通过在圣费尔南多学院的好友加西亚·洛尔卡的介绍，在去巴黎之前，达利先是认识了毕加索的学生曼努埃尔·安赫尔斯·奥尔蒂斯，此人是格林纳达的画家，是毕加索忠实的拥护者，他曾经听老师谈到一个叫达利的年轻人，所以当达利提出十分想见毕加索的时候，他很痛快地就答应引见了。

这次巴黎之行很短暂，前后只有一周的时间，和姑姑、妹妹一起游览了凡尔赛宫、格雷万蜡像馆之后，还没有去其他的名胜，达利就站在了毕加索的门前。达利不是一个崇拜偶像的人，但这可是毕加索，他很激动，他自己说那种感觉就像是要受到教皇的接见一样。

“我还没有去参观卢浮宫，就先来拜望您！”这是达利见到毕加索时说的第一句话。

“您做得很对。”毕加索微笑着答道。

达利随身带来了一幅细心包装的小画《菲格雷斯少女》。毕加索花了一刻钟的时间很仔细地看了达利的作品，但没做任何评论。此后的两个小时里，他们登上位于顶层的画室，毕加索给达利展示了他的很多幅油画作品。毕加索很兴奋的样子，来来去去地拖着靠在画架上的一幅幅大画，在乱糟糟的画室里寻找着想给达利看的一切。面对每一幅画，毕加索并不多说话，只是在观察达利看画时的眼神和表情，达利也没发表什么评论，两个人的交流似乎是在静默中进行的。在离开画室的时候，他们交换了一下眼神。

毕加索用眼神问达利："抓住本质了吗？"

达利用眼神回答："抓住了！"

回到家后不久，达利在巴塞罗那的第二次个人画展就成功举办了，达利还往马德里的伊比利亚艺术家沙龙送去了几幅作品，像是在向马德里示威似的。这其中有一些尺寸很大的油画，如《月光下的静物》、题名为《丑角》的自画像等，特别值得一提的是《巴塞罗那的时装模特》这件大幅油画，这是达利从一个真的在巴塞罗那做时装模特的女孩那里获得的灵感，作品既带有明显的"后立体主义"风格，又有达利正在形成的"超现实主义"画风最初的影子。

画展的成功举办，让达利对巴黎更是念念不忘，他在想象不久的将来，如果他的作品能在巴黎引起巴塞罗那这样的反响，那该是多么美妙的事情。他通过各种方式寻求去巴黎发展

巴塞罗那的时装模特
Barcelona Mannequin
1927年，布面油画
198厘米×148厘米
菲格雷斯达利剧院博物馆

的途径，正是在这个时期，达利认识了另一位著名的西班牙画家——胡安·米罗。米罗的年纪介于毕加索和达利之间：比前者小十二岁左右，比后者大十一岁。米罗1919年到巴黎时，发现立体主义已经受到了学院派和各种装饰主义倾向的威胁，只有勃拉克和毕加索克服了这些倾向，而达达主义已经名声大噪了，所以当时的米罗受惠于达达主义甚多，由画半立体主义、半抽象主义的灿烂风景画彻底转到描绘梦境深处和奇妙幻想的领域。20世纪20年代后半期，虽然米罗的名声没法和毕加索相比，但在巴黎也算是相当出名了。他是一个言语不多但很热心的人，当他认同了达利的天才之后，他就不遗余力地帮助达利去巴黎发展。

有一天，达利收到胡安·米罗拍来的一份电报，他说他要带着巴黎著名的经纪人皮埃尔·李奥布一起到菲格雷斯来看他的画。达利一家热情地接待了来自巴黎的客人。米罗很喜欢达利的画，反

这幅画中的人物头部有三个轮廓，同时伴有相对应的三具肢体，身体躯干部位则由具有象征意义的事物组成，比如眼睛、半月和鱼，已显示出了现代绘画的突破性。

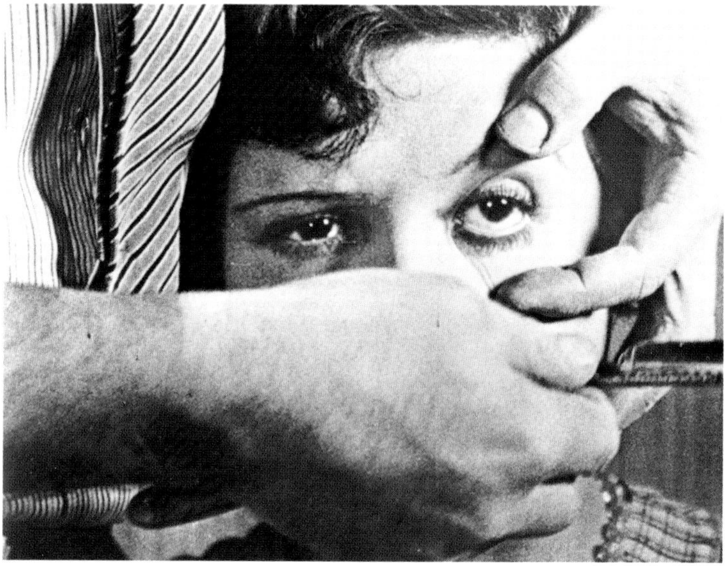

《一条安达鲁狗》的经典镜头

这部影片的画面是对梦幻的模仿，可以用弗洛伊德主义进行分析和解释，同时用一些残酷的意象和触目惊心的画面效果传达绝望的痛苦情绪和无政府主义式的反抗。

复劝说达利父亲应该放达利去巴黎发展，还说如果需要他可以提供帮助，给达利引见文艺界的名人，寻找策展人和画商。不过这一次，米罗的引见并没有成功，李奥布面对达利的作品毫不掩饰地表达了他的怀疑态度。这让米罗不太愉快，趁着经纪人与达利妹妹谈话的当口，他把达利拉到一边，说道："这些巴黎人，比我们想象得还要愚蠢。你到巴黎后，就会发觉这一点的。事情并不像表面上那么简单啊！"

果然，没过多久李奥布就写给达利一封信，信上婉言谢绝了签订合同的事情，还礼节性地祝福达利将来有好的发展。与此同时，达利父亲也收到米罗的一封信，米罗耐心地对他解释让达利去巴黎的好处，最后他说："我绝对相信您儿子的未来是光辉灿烂的。"

如果说，达利从毕加索和米罗那里得到的鼓励是他前往巴黎的精神动力的话，那么路易斯·布努埃尔和达利合作电影《一条安达鲁狗》则是他去巴黎的直接动力了。1927 年下半年布努埃尔得到了他母亲的赞助，有五千杜罗，大概相当于十四万法郎，他准备不只是担当别人的助手，而是用这笔钱亲自拍摄一部充满实验意味的电影。他先写了一个剧本，寄过来给达利看。显然布努埃尔很兴奋，但达利却给他泼了冷水：达利觉得电影剧本观念平庸，有种肤浅的先锋派意味，是那种廉价的感伤主义的东西。达利在回信中说他倒是写了一个简短而出色的剧本，在内容和样式上和当时的所有电影都不一样。布努埃尔得知了这个消息，立刻打电报告诉达利说他要到菲格雷斯来。

他们一起修改剧本，丰富电影的细节，只用了三天的时间，剧本就定稿了。在考虑给未来的影片取一个什么样的题目时，达利想起了在圣费尔南多学院的一个典故。那时他们这些住在“学院府”的富家子弟把南方人蔑称为“安达鲁狗”，那意思是嘲笑他们愚笨、邋遢、马大哈或是像妈妈的宝贝那样长不大。在他们的先锋团体里，朋友们曾用这样的称呼形容加西亚·洛尔卡。我们都还记得，达利重返学院之后，有一段时间和洛尔卡相处得不是很愉快，达利觉得对方越来越成为团体的主角，产生了忌妒心。我们不知道当时的达利是故意要利用这部电影影射一下洛尔卡，还是完全出于电影的需要，因为这个称谓和这部电影中人物的性格十分吻合才这么做的——其实片名和影片的内容之间根本就没有什么联系，也许达利和布努埃尔只是想让这部作品听上去怪异一些，从而吸引人们的注意。不管怎样，后来的事实证明，正是因为这部电影，达利和洛尔卡之间保持了多年的友谊宣告结束。不过，对达利来说，他得到的比失去的要多，这部电影成了世界艺术电影史中“超现实主义电影”的宣言，达利在还没有成为一个“超现实主义画家”之前，先是用影像预演了他在绘画中要做的。难怪20世纪30年代初，达利正式加入超现实主义阵营的时候，宣称自己从观念和技术上早就是一个超现实主义者了。这些是后话，还是让我们先回到达利去巴黎的问题上来。

布努埃尔把电影的拍摄地点选在巴黎，只有在巴黎才会引起最大的关注，这是毫无疑问的。他们商定由布努埃尔带着作品先去巴黎，做一些挑选演员、寻找场景的前期准备，他将负责导演、分镜头和剪辑。当电影开拍的时候，达利再去巴黎和他会合。

二

经过了几个月的准备，1928年达利第二次来到了巴黎，蓄积满了能量，达利要向艺术之都发起全面而猛烈的攻击了。

达利和布努埃尔在用一种疯狂的方式制作着一部疯狂的影片。达利在白天关注着这部影片的进程，晚上就与布努埃尔不停地讨论，虽然布努埃尔是导演，但实际上达利的意见很大程度上左右了电影的进程。

达利选择了一个叫彼埃尔·巴切夫的男演员作为影片的主角，达利看中他除了他的体貌特征和剧中人非常符合之外，更重要的是因为他正在服用麻醉剂，时常表现出一种迷狂的精神状态，这是达利需要的。有意味的是，达利把这部作品看作是关于青春和死亡的影片，而影片刚刚完成，巴切夫就自杀了，这似乎给电影的主题做了最好的诠释。

让我们看看这是一部什么样的电影吧。

影片只有十七分钟，没有明确的剧情，是一些充满视觉震撼和象征意味的影像的流动，各个场景和影像之间没有确定的因果关系，似乎一切都是超现实的梦境和幻想中的事物。

电影一开始，明月当空，夜色笼罩着阳台，有个男人正在磨着一把明晃晃的剃刀。一片浮云飘向明月，男人点燃了烟，陷入沉思，他的脑海中出现了一个美貌女子的面孔。男人一只手扒开女人的眼皮，另一只手握着剃刀向她的眼睛割去。刀锋横过眼珠，恰如浮云隔断了圆月……这个场景据说来自达利的梦境。

之后电影中出现了一个个如此这般的景象——爬满蚂蚁的手臂（在达利眼里蚂蚁是欲望的象征，这一元素在他后来的绘画中反复出现），女人玩弄着夹在门上的断臂，死去的驴子伏在钢琴之上——直到出现这样的结尾：姑娘和她的情人，在一片无垠的荒漠中，一直被埋到脖子，他们双目已盲，衣衫褴褛，暴露在烈日下，终于被昆虫所吞噬。这些场景大多不是来自达利和布努埃尔的梦境，就是他们在夜晚的讨论中意识的“自由活动”产生的结果。

电影成了一部有着划时代意义的杰作，剃刀割开姑娘眼球的镜头已经成为电影史上的经典镜头。但是，达利他们要表达什么呢？

从内容和主题上讲，达利和布努埃尔在表达着那一阶段他们共同关心的东西：暴力、欲望和幻觉。这其中既有对它们的迷恋，又有对它们的反讽。达利和布努埃尔厌倦了那种让人愉快的优雅的法国情调，而故意用这样的方式隐喻原本就残酷的现实，刺激那些“资产阶级”的神经。当时著名的影评家欧仁尼奥·蒙代斯曾说：“在电影史上，这是一个时期，一个以血为标志的时期，就像尼采希望的那样，就像西班牙总在做的那样！”那意思是说，这部电影不是游戏，它和思想与现实都有着密切的联系，它在力图表达对当时的西班牙乃至更广的范围内，那种带有暴力独裁或者干脆说法西斯倾向的看法和感受。

从艺术形式上说，这部电影是崭新的。《电影元素》的作者李·罗伯特·波布克认为这是“电影史上最有影响力的作品之一”，因为它率先运用了象征、省略的影像和印象主义的剪辑技巧，同时把由俄罗斯导演谢尔盖·爱森斯坦最早在《战舰波将金号》运用的“蒙太奇”技巧推向了一个新的高度。另一方面，一次世界大战之后，先锋艺术中有一种迷恋简单的色彩和线条的“抽象艺术或非具象艺术”的潮流，其代表人物是荷兰画家皮特·科内利斯·蒙德里安、俄罗斯画家瓦西里·康定斯基，达利觉得有必要在形式上把这种潮流扭转过来。达利回忆拍死驴子那场戏的情景：他把大瓶的黏糊糊的胶水倒在它们身上，来替它们的腐烂化妆，然后掏空它们的眼球，再用剪刀剪开它们的唇，让牙齿更好地露出来，它们张开的嘴下是一些钢琴键盘，来自三架黑色的钢琴，这使得键盘像是从它们嘴里吐出来的牙齿和颌骨——可以看出，达利是在重新回到“具体的形象”上来——这是超现实主义运动内在的要求，也是这部电影充满如此直接和炫目的形象的原因之一。

还需要指出一点，虽然整体上达利和布努埃尔的合作是成功而又愉快的，但从一开始，两个人就出现了在思想观念和对这部电影预期上的差异。达利完成电影之后，热情似乎也随之消失了，他偏执地想把电影中的画面弄得更加残酷和刺激。他认为影片现在的样子是远远不够的，布努埃尔则建议不应该一味地只考虑画面的问题，他不像达利那么钻牛角尖，他要从整体上为电影考虑。所以，次年的电影首映式上，达利根本就没有去参加，而布努埃尔则是坐在剧场的后排，预想了观众的厌恶与反感，抗议甚至辱骂。为此，他在自己的口袋里装满了石子，打算放映一结束，就将那些石子扔向观众，以便制造更大的混乱。可是具有讽刺意味的是：电影放完了，没有嘘声四起，没有辱骂，有的是长时间热烈的掌声——为了刺激资产阶级趣味的电影就这样被“资产阶级”欣然接受了，虽然他们不一定理解电影的用意。看来，也许只有按照比布努埃尔还要疯狂的达利的疯狂计划，剧院里优雅的人们才会被激怒。

不管怎么样，因为这部电影，达利和当时处于鼎盛状态的“超现实主义运动”关系密切了起来。作为一名画家，可以说，他为带有宣言式的“超现实主义”构想从文学嫁接到造型艺术做出了最初的表率。这一点我们在下一章会详细谈到。

除了电影这项“副业”，达利还是把更多的精力放在了绘画上。刚到巴黎的时候，达利经常跟着米罗出入一些艺术社交场合，认识各种各样的艺术家和圈内人物。普遍的社交生活中，米罗对达利的影响非常重要，大到在巴黎艺术圈活动的规则，小到穿着打扮，米罗都会给达利建议。比如说，米罗曾经带着达利去参加达托公爵夫人家的聚会——她是在马德里街头被暗杀的保守派部长的寡妇，来到巴黎过着半流亡的自由生活。这种聚会是认识各种有钱或有地位的艺术赞助人最好的机会，所以达利总是急于在陌生人面前表现自己，米罗则对他说“尽量少说话”，这样人们才会对你感兴趣，才会注意到你的与众不同。米罗建议达利在艺术社交的场合要穿无尾长礼服，这样既正式又不会过于正式；米罗还忠告达利一定要保持健康的身体，要像他一样时常去健身。应该说，米罗对达利是很不错的，至少有一点，每次出去吃饭，都是米罗买单。那个时候的达利似乎对人情世故之类的东西还不是那么清楚。

在米罗的引见下，达利先认识了一些诸如比利时裔的法国画家勒内·马格利特之类的当红画家，还和诸如达达主义、超现实主义等艺术团体的主要成员建立了联系，这其中就有“达达主义”在理论上的领袖、罗马尼亚裔的法国人特利斯坦·查拉——是他在 20 世纪 20 年代随便找了一个无意义的词语“DADA”，就作为自己的文学理念的代称，发表了《达达主义宣言》——那是一份对文学艺术中偶然和非理性因素极度推崇的宣言。在查拉看来，写作一首诗歌或别的文学作品的过程应该是这样的：从报纸中随便剪下一些单词和短语，然后放到一个袋子里，摇晃之后，把那些词语拿出来，随意地分行排好，这样，一首典型的达达主义的诗歌就诞生了——这是所谓的“拼贴”。达利还认识了达达主义艺术大师马塞尔·杜尚，他后来因为把一个家用的便携式小便器签上自己的名字，还把这个“现成品”艺术作品命名为《泉》并拿去参展，而被认为是“后现代主义”艺术的开山鼻祖。可见，达利和他们在某些方面很相似，这也正是达利有时也被当作“达达主义者”的原因。

超现实主义团体的主要成员——布勒东、艾吕雅、阿拉贡等人也在这个时候成为达利的朋友，达利和他们经过一段不长的“蜜月期”之后就分道扬镳了，这些我们后面再说。

在达利的社交活动中，很关键也很实际的成果是，他结识了画商加缪·乔曼，正是此人做了之前皮埃尔·李奥布没有做的事情——和达利签订了展览和销售合同——这可是达利在其漫长的艺术生涯中的第一份职业合同。合同的大致内容是这样的：加缪·乔曼付三千法郎后将独家拥有达利这个夏季的作品。到下一展览季节，他负责在画廊里展出达利的绘画作品，如果作品卖出，达利将得到一定比例的提成费，同时加缪·乔曼可以任意挑选三幅作品，作为自己的收藏。

那段时间，是达利绘画艺术转变的过渡时期，超现实主义的影子渐渐明显起来，早期学院派的东西越来越淡了。受拍摄电影的影响，达利画了《春之初》《未被满足的欲望》《乍起的鸡皮疙瘩》等作品，他已经开始注意用一种纯粹而自由的影像拼贴方式表达疯狂的欲望和对于象征的迷恋，这种正如早期的超现实主义者孔特·洛特雷阿蒙在《马尔多罗之歌》所说的那种“缝纫机和雨伞在手术台上相遇的美”，正是当时超现实主义者孜孜以求的效果——在布勒东眼里，这个意象是一种在无意义的拼合之下完成的隐喻：手术台隐喻床，雨伞隐喻男人，缝纫机隐喻女人。“超现实主义”就是要在随机和纷乱之中象征和隐喻，把超现实的意象和现实的精神内涵结合起来。

也许是为了表达对米罗的敬意，达利还画了一些米罗式的主题画，比如《鸟》。我们知道米罗一生最喜欢的绘画主题有三个：月亮、女人、鸟。甚至到了20世纪70年代，他还在迷恋这些主题。达利以前并没有画过动物题材的作品，认识米罗不到一年，他就制作了这幅作品，可见米罗对他的影响。

这一时期，对达利绘画风格有影响的不只是米罗，还有另一位超现实主义绘画大师，德国人马克斯·恩斯特。马克斯·恩斯特1891年出生，年纪上算是达利的前辈，也被公认为西方艺术史上第一个超现实主义画家。在这个时期，他已经很自觉地在利用弗洛伊德的学说了，在具体的绘画技巧上，恩斯特发明了一种所谓的“拓摹法”和“拼贴法”——就是使用颜料之外的现实物品，沟通绘画的世界和现实的物质世界。这是他在1925年的一个黄昏，看到剥落的地板上不规则的木纹时产生的一种幻觉迷恋。他认为他可以把这些幻觉用铅笔永久性地拓摹下来，并且继续用其他原料如树枝、树叶、线绳等进行试验。这样制造出来的形体虽然经他的手稍加夸张了一些，但他因此创造出大量崭新的形象，进而不再是实物的拓像，实物本身也可以成为画作的元素。他这一类画法的代表作品是《被黄莺威吓的两个小孩子》。

我们还记得，达利小的时候就有过在画布上粘贴石子的作画经历，不过那时候，这更多的是孩童自发的行为，背后还没有什么艺术理念作支撑，而现在的情况不一样了，达利从恩斯特那里发现用现实的物质作为画作的一部分，不仅大大地拓展了画布的空间，而且能够很自然地呈现一种超现实的惊奇效果。那幅《鸟》，还有上面提到的《未被满足的欲望》，达利都大量地使用了沙砾：只有骨架的鸟，腹中孕育着一个不知道是什么动物的胚胎，落在沙砾上；隐射着男女生殖器的形象相隔一段距离，分别被沙子包围着，互相吐着欲望的“舌头”，却没有交织在一起——“拼贴”在这里要比单纯的“绘画”更适合表达那种朦胧的、带有象征意味的超现实的情景。

说到这里，我们要先插一句后话，这种“拼贴法”在达利艺术生涯中并不是昙花一现的东西，到后来，达利把它发展到了极致——现实的物体完全取代颜料，成为作品的主体。这和达利对于“物体”所持有的特殊的审美态度有关——他对于物体的实在性、纯粹性的感受和赞美是与其对传统艺术的反叛态度联系在一起的。早在 1928 年 4 月，达利等人就共同签名发表了《加泰罗尼亚反艺术宣言》。这份宣言竭力证明机器已经彻底改变了这个世界，但是大多数作家和艺术家都没有这种新

未被满足的欲望
Unsatisfied Desires
1928年，纸版油画
76厘米 ×62厘米
旧金山现代艺术博物馆

这幅画作的背景空无一物，两个粉色的肉体部位像是从贫瘠的土地中长出来的，两者想要相互结合，但却相隔甚远，画名直接点出了作品的主题。

的感受；汽车和航空展览比风景画的展出更有活力和生气，造型意识应该是一种“后机械师的心理状态”。取代装饰的、抒情的、传统的民间艺术而起的是电影、拳击、爵士音乐、电灯、唱机和照相机。这份宣言无疑沾满了崇拜“机器和速度”的未来主义的气息，因此当时就有批评家将其描述为“未来主义的废话”。达利在后来继续表达了对于“简单的机械物”的热情赞扬。他认为电话、洗脸盆、白色冰箱、坐浴盆、留声机等都是权威而纯洁的富于诗意的物体。在常人的眼里，这些物体当然也有其造型上的审美价值，即所谓的工业品设计中的美感，但在达利那儿则完全不同，他的热情赞扬源自他的反艺术观念，他的所谓“富于诗意的事实”是因物体的存在本身所具有的“清晰”“整洁”和“纯净”而引起的。

达利在这一方面的艺术作品有很多，比如说，1933 年达利有一幅雕塑作品《追忆往事的少女胸像》，少女的发冠用了长长的法式面包（据说，1933 年毕加索来

追忆往事的少女胸像

Retrospective Bust of a Woman

1933年，纸板、陶瓷、玉米、海绵、羽毛、墨台、沙子和笔

73.9厘米 ×69.2厘米 ×32厘米

纽约现代艺术博物馆

参观这件雕塑作品的时候，他的爱犬竟然冲上去吃掉了这块面包，所以人们现在看到的这幅作品中的面包是 1970 年重新安上去的），两绺垂到胸前的头发用了两根玉米，少女的右颊上爬有蚂蚁，象征着欲望，而少女的头顶上立着米勒《晚祷》中的那两个农民的形象，像是两支发簪，象征着欲望的压抑——这完全成了一种带有后现代意味的“现成品”装置，其极端程度堪比杜尚后来的《泉》。从这个意义上说，初到巴黎的达利，艺术上在继续“特立独行”加“哗众取宠”，你可以说这就是他的艺术本性，你也可以说这是他在有意为之——一个想成为“艺术明星”的人的“策略”。从总体上说，创新和作秀，在达利或者杜尚那里，是同一个事物的两面，关键的问题是，达利和杜尚是第一个“作秀”的人，他们为艺术打开了新的空间，而那些低劣的模仿者只能葬送艺术的前途。

1968 年，达利在给卡巴内整理的《杜尚访谈录》写的序言里，曾经反思过

这件超现实主义作品展现的不仅是女性本身，同时也明确表达出女性是被消费的对象这一特点。嘴边和额头上聚集的蚂蚁也充满了性意味。

这个问题，他说：

> 第一个把女人脸蛋比作玫瑰花的人无疑是一位诗人；第一个去重复它的人无疑是一个白痴。现在达达和超现实主义的观念被无数次地重复着：软化了的钟表已经被繁殖成无数软化了的东西。现成品覆盖了全球！一块15码长的面包已经变成15公里长了！……现在已经被忘记了的是，在达达运动期间，它的领袖查拉在一份宣言中这样声明：达达是这个，达达是那个，达达是这个，达达是那个，达达不过是狗屎——这种幽默，多多少少是黑色的，在新一代中颇为缺乏……

三

萨尔瓦多·达利作为一个独特的艺术个体，到了巴黎之后，通过绘画和电影逐步确立了存在感，但是这只是整体事物的一个不完整的部分而已，让我们赶快回到这一章的主题上来，看看“加拉·萨尔瓦多·达利”是如何诞生的。

对于异性的兴趣，青年达利和一般的登徒子还有所不同，简单地说，他对情欲本身的迷恋要比对情欲的对象的迷恋强烈得多。还记得达利少年时代的恋爱经历吗？他并不真正在乎情人是谁，而是随便挑选了一个女孩子作为自己情欲的对象，他只是对对方对自己的迷恋以及自己表达欲望的方式感兴趣。

进一步说，达利评价女人的标准不是这个女人本身，而是她们激起自己独特的情欲的激烈程度。在马德里的时候，达利把女人分为“漂亮的”和“优雅的”两类，而且这两种品质互不相容，现实中不存在既优雅又漂亮的女人，而吸引达利的，往往是其所谓的“优雅的女人”。对于直接激起男人情欲的女人身体，达利是这么说的：“优雅的女人可能而且应当不需要一副完美的面孔，如果优雅的女人能大胆地显露某种疲倦和某种精神失衡的话，那么作为补偿，她就绝对需要鲜明夺目的手、臂膀和腋窝。乳房没有什么意义，而眼神则十分重要，它应当极为聪慧或‘显得很聪慧’。优雅的女人拥有愚蠢的眼神是不可思议的，相反，愚蠢的眼神却适合十足的美人，《米洛的维纳斯》就是这方面的一个明显例证。优雅的女人的嘴可能难看并令人讨厌，但只要在某些特定的场合，它微微开启时，能像奇迹一般，流露出一种难以分辨的天使般的神情，那么它同样是合适的。优雅的女人没有鼻子，唯有漂亮的女人才有鼻子！头发要很好，这甚至是优雅的女人身上唯一应当好的因素。最后，她应当受到珠宝和衣裙的约束，它们是她存在的主要理由，她的精神完全消耗在集聚它们上，这使她的爱没有激情，她的情感冷酷而又挑剔。只有一种露骨而又贪婪的、精致而又冷漠的情欲适合同她的豪华相配。不管她的身体带给她什么，她都对此抱着轻蔑的态度！……这就是我终于想要些优雅的女人的原因：她们对淫荡采取的厌倦而轻蔑的态度……”

再进一步说，达利一直在现实中寻找那种能够激发他欲望的“优雅的女人”，在西班牙的时候如此，到了浪漫之都巴黎更是如此。达利第二次到巴黎，在还没有去见米罗和布努埃尔的时候，就去了一趟妓院；过程虽然让他有些兴奋，但结果却令他失望。

达利一到巴黎就叫住一辆出租汽车，并且一上车就很坦然地问司机：“你知道巴黎最好的妓院在哪里吗？”

司机并没有惊奇，他只是把这个看上去有些奇怪的年轻人当作一个普通的脂粉客而已，他回答道：“先生，请上车吧，别担心，我认识所有的妓院。”

达利后来的行为，与其说是嫖妓，还不如说在参观妓院，因为与妓女相比，妓院的内部装饰更加吸引他；那些妓女大多粗俗而平庸，跟“优雅”丝毫不沾边，甚至根本配不上这样的装饰。显然，妓女无法满足达利的幻想，他自然没有去碰她们，但这次“参观”对达利来说还是有用的，因为他看到了很多能够引发他的欲望幻想的场景和道具。比如说，达利就特别喜欢一家叫“莎巴奈”的妓院里的安乐椅、雕成天鹅形的浴缸以及用浮石制造的奇特楼梯。他甚至宣称要是在世界上选择三处给他留下最深刻印象的场所的话，他会说“莎巴奈”的楼梯是其中之一——这里是最神秘的“色情”场所，而威尼斯剧院是最神秘的艺术场所，埃斯库里亚尔的西班牙国王陵园的大门则是最神秘的栖身地。达利解释之所以选择这三个地方，是因为色情应当是丑陋的，艺术是神圣的，而死亡则是美好的，而这三个地方在其不同的方面达到了极致。

除此之外，达利在频繁的社交活动中还不忘寻找那种“优雅的女人”，比如当米罗介绍比利时画家勒内·马格利特给达利认识的时候，达利并不知道这是一个男人，而是下意识地从他的名字判断这是一个女人，他的第一反应就是：“这是不是一个优雅的女人呢？”那段时间，达利肯定不止一次地问自己这样的问题，他得到的回答应该几乎都是否定的，直到他见到了加拉。说到达利与加拉的相遇，那首先就得说到达利与超现实主义诗人艾吕雅的交往，因为在那个时候，加拉还是艾吕雅的妻子。

第二次到巴黎的那些日子里，达利有时也会因为难以找到情欲的发泄口而感到郁闷。有一天晚上，刚结识达利不久、还没有正式成为达利的画商的加缪·乔曼，可能是出于进一步发展两人关系的目的，带达利去了巴黎著名的塔巴林舞厅，那里是时尚女人出没的场所。进去不久，他们就看见一对男女走了进来，乔曼指着那位身穿缀着闪光金属片连衣裙的女人问达利，注意到她身边的那个男人了吗？那是一个身材中等、相貌平平的中年人，达利开始并没有留意他，他只顾着看那个女人的穿着了。乔曼说那就是大名鼎鼎的超现实主义诗人保尔·艾吕雅，他在巴黎可是举足轻重的人物，他写诗，也买画，所以是许多画商眼里体面的老主顾，而且他和很多画家也交往甚密。一个有意思的例证是：保尔·艾吕雅的第一任妻子加拉成了达利的妻子，而他的第二任妻子，纳希·艾吕雅又成了毕加索的情人——通过这样的方式，艾吕雅和号称 20 世纪最杰出的两位艺术家扯上了关系。

对这位诗人，达利有所耳闻，他和乔曼走上去主动和对方打招呼，喝过好几瓶香槟酒后，他们之间就像是老熟人了。艾吕雅说他曾经看过达利的作品，也听其他的朋友说过他来了巴黎，没想到今天在这里遇到了，他很高兴。艾吕雅介绍说，他身边的这位女士是他在巴黎新认识的朋友，乔曼问到艾吕雅夫人的近况，他说她在瑞士和朋友一起度假。后来达利和艾吕雅谈了一些有关巴黎艺术界的话题以及各自对艺术的看法，还算得上投机，不过超现实主义诗人的品性并不比超现实主义画家正常多少，艾吕雅很快就像是退回到自己的世界中似的，坐在那里不紧不慢地喝酒，出神地凝视着周围的那些漂亮女人，只是偶尔才会说一些话。达利他们要先走，离开之前，艾吕雅说他第二年夏天会到加达凯斯来找达利，可能会和他妻子一起。走出舞厅的大门，达利问乔曼，加拉是一个什么样的女人，乔曼说，那是一个出生在俄罗斯的很特别的女人，算不上漂亮但令人印象深刻。达利第一次在自己的脑海中记下了“加拉”这个名字。

1929 年，达利正在家乡把两次巴黎之行的回忆整理成绘画作品，前面提到的第一幅超现实主义作品《蜜比血甜》正是这个时候完成的。这年夏天，当达利正在画《阴郁的游戏》的时候，一群巴黎的朋友陆续来到了加达凯斯，先是勒内·马格利特和他的妻子，然后是其他一些超现实主义者，接下来是路易斯·布努埃尔、卡洛尔，以及画商加缪·乔曼夫妇，最后是保尔·艾吕雅夫妇。

加达凯斯并不是什么旅游胜地，达利被一群超现实主义者

蜜比血甜

Honey is Sweeter than Blood

1941年，布面油画

49.5厘米×60厘米

私人收藏

达利在这幅画中结合了神秘和神话。女子的欲望像是被远处的半人马所唤醒，身体飘浮在云端，右臂由拐杖支撑着，左手则是骨架，代表了肉体的快乐和欲望会导致伤害甚至死亡。

包围着，这完全是因为达利这个“人”，而不是这里的“风景”。我们可以想象一下，在超现实主义运动风起云涌之时，这些人突然发现了一位个性奇特的人，并在巴黎艺术圈子里口口相传，那么能够有机会认识达利的人，一定想到他的家乡西班牙来看看，以进一步满足自己的好奇心。

在达利和那帮朋友在加达凯斯热闹了一阵之后，有一天，一辆汽车停在了达利所住的父亲的老房子前。保尔·艾吕雅和他的妻子、女儿走下来，长途旅行使他们非常疲乏，他们刚到瑞士拜访了诗人勒内·克列维尔，辗转而来。他们和达利一行人打了个招呼，很快就离去，前往米拉玛尔旅馆休息去了，说迟一些再约达利到这家旅馆见面。

在这样的匆匆忙忙之中，达利第一次和加拉见了面，他觉得比自己大九岁的加拉的面孔显得十分聪慧，并且因为聪慧而在衰老和成熟之间寻找到了一个最佳的尺度，但是她的脾气似乎不太好，脸上挂着敷衍的表情和疲倦的笑容。达利猜想加拉可能并不真的想到加达凯斯来，而是被艾吕雅硬拖来的，所以才不太高兴。前面说过达利眼中“优雅的女人”的标准，加拉给达利的第一印象似乎非常符合，这让达利的内心有一些激动。根据布努埃尔的回忆，达利见到加拉之后，对哪怕是加拉最平常的一句话也会挂在嘴边重复一天。

后来达利和朋友们去旅馆和艾吕雅夫妇共进晚餐，他们待在法国梧桐树荫下的露天座位上，喝着法国的绿茴香酒，谈论着一路上的见闻和对加达凯斯的印象，气氛轻松而又和谐。晚上，散步途中，达利与加拉走在一起，达利炫耀式地讨论了好几个严肃的问题，思维缜密敏捷，这修正了加拉对他的最初判断——吃晚饭的时候，加拉看着达利那用发蜡抹得油亮的头发，觉得他一定是个令人生厌的家伙，现在看来达利似乎并不是那么让人无法忍受。达利并没有特别失态，开始的时候他多少都在压抑着自己的欲望和情感，他没有一直缠着加拉，他也与艾吕雅谈着话，很快达利发现他与在场的某一个人在气质上十分相似——这个人就是自己的老友洛尔卡。他们都属于那种真正的诗人，精力旺盛却又内敛安静，兼有着一针见血的敏锐和宽广博大的胸怀。艾吕雅后来没有因为加拉和达利的事情迁怒于达利，相反，在达利没有和超现实主义团体闹翻之前还曾坦然地面对自己婚姻的变故；洛尔卡虽然和达利在某些方面有些不和，但那主要是出于对达利在政治态度上的不满，从人的品行上说，他对于友谊的态度要比达利严肃得多。我们知道，达利早期最好的朋友是布努埃尔和洛尔卡，但《一条安达鲁狗》上映之后，达利和洛尔卡之间的友谊已出现了明显的裂痕，而到了 20 世纪 30 年代，当达利在纽约为西班牙佛朗哥独裁政府的驻美领事画肖像的时候，布努埃尔正在拍摄他著名的纪录片《无粮的土地》，用最现实的手段反映独裁政府统治下西班牙偏远地区人民苦难的生活，而洛尔卡则被西班牙长枪党关押，接着被处死。这三个年轻时志同道合的朋友，却用这样迥异的方式继续着自己的人生道路。因为这件事情，早已和达利决裂的洛尔卡成为人们心目中的英雄，而达利则又多了一份为世人诟病的口实。这是后话，我们在以后的篇幅中会再次提到这些事情。这里之所以先说了一些关于洛尔卡的情况，主要是因为这次在加达凯斯的聚会，除了是达利和加拉的第一次见面，也是达利和洛尔卡之间作为朋友的最后一次会面。

送艾吕雅夫妇回到米拉玛尔旅馆之前，朋友们相约次日中午在海滩相聚，一起去洗海水澡。和加拉分别后的再次相见，比第一次更加折磨达利的神经。他一大早就起来了，在早上例行的工作时间里达利有些心神不宁，他在考虑该以什么样的形象再次出现在加拉面前，并且赢得对方的好感。这时候的达利就像是一个患得患失的孩子，在急匆匆出门前，不知道到底要带上什么东西才好。

最后，达利用一种极端的方式出现在了众人面前：他穿着有意割破了的衬衫，反穿游泳裤，把白棉布里子露在外面，在耳后插上一朵红色天竺葵，而且放弃了最常用的古龙香水，自己用鱼胶、母山羊粪、蝰蛇油的混合物“制造”了一种带有公山羊气味的香水，把它洒在身上。

达利远远地就看见加拉正裸露着背部晒日光浴，她的身体在达利走近的过程中非常完美地逐步展现了出来。达利觉得她的皮肤有着儿童般的光泽，她的肩胛和腰部肌肉有青春期那种略显不自然的强健张力，背部的凹陷处却是非常女性化的，与富于活力的躯干优美地结合起来，臀部的曲线十分美妙，这使她的腰部显得更加纤细而迷人。在后来的一篇回忆中，达利说："她是一个罕见的生命，一颗超级明星，无论拉·加拉斯还是格丽泰·嘉宝都不能和她相比。"而那天，看着达利奇怪的打扮，加拉对达利说的则是："萨尔瓦多，你像个野蛮人，这让人厌恶。"

时间又过了一天，达利去找加拉，约她到附近的卡亚尔悬崖散步。见不到加拉的时候，达利会进行疯狂的情欲想象，而一见到加拉，达利则努力地压抑着随时都可能迸发出来的激情；加拉也是一个敏感的女人，对于达利的所思所想，她不可能不知道——两个人就是在这样一种微妙的心境之下边走边聊的。他们先是谈达利的绘画，然后谈到达利独特的性格以及加拉的忧郁，在某一刻，两个人都沉默了下来。在加拉伸手拉住达利的手时，达利搂住她的腰，加拉则像一个主宰者那样更加用劲地握住达利的手，而不是像每一位别的女人可能做的那样轻蔑或者羞涩地把手拿开。然后加拉用一般女人不具有的勇气对达利说：

"我的小宝贝，我们再也不分开了。"

那一天，达利只感到一种奇妙的爱情在天空中荡漾，爱情不可征服和不可思议的威力，像治愈了一个病人那般治愈了达利，它的威力甚至比弗洛伊德的精神分析法还要强大。那个时候，我们猜想，达利一定感到了一种突破道德和伦理界限的快感——什么“朋友的妻子”，什么“俄狄浦斯情结”，让它们都见鬼去吧，这是一个叫“萨尔瓦多·达利”的男人和一个叫“加拉”的女人之间最原始、最本真的事情！这件事情和其他任何人无关！那一天，在精神上两个人已经成为一体了。

到了9月，超现实主义团体的所有朋友都已重返巴黎，加拉找了一个借口留在加达凯斯，带着她那个叫谢西尔的女儿。艾吕雅似乎对整件事情还没有觉察，也可能是故意不去觉察，他并没有表示反对，一个人平静地回巴黎去了。那是“加拉·萨尔瓦多·达利”的诞生期，他们每一次新的相会仿佛都在预示着旧的阶段的结束和新的阶段的开始。他们从精神到肉体的最终结合就是在那个阶段完成的。达利的眼中只有加拉，为了加拉他甚至不惜与布努埃尔争吵。有一次，达利、加拉、谢西尔、布努埃尔还有里季亚五个人划船出去野餐，布努埃尔与加拉之间发生了口角，刚刚认识加拉不到一个月的达利完全不管谁是谁非就站在加拉一边，这使得布努埃尔很不高兴。应该说，加拉的出现，让达利对友谊原本就有些随意的态度变得更加不严肃了。

那时正值狩猎期，山间时常有断断续续的枪声响起，打断达利和加拉散步中的交谈。秋天到了，明净的天空中出现一片片正在成熟的云彩，而加达凯斯的葡萄也成熟了。加拉坐在一处干燥的石墙上，吃着紫葡萄，在达利眼里加拉的身体像是用金闪闪的麝香葡萄颜色做成的“肌肤的天空”，似乎她每吃一粒，就变得更美一些；达利不断给她递上几串葡萄，让她继续美丽下去。

有一天，加拉穿了一件非常薄的白色连衣裙，因为海风很大，达利把加拉带到海边不受风吹的岩石处凿出的一条石凳上坐下来，这也许算得上是加达凯斯最荒凉的地方了。9 月的一弯新月高悬在两个人头上，这渲染了两个人的世界和外面的世界之间隔绝的可能性。达利情绪很复杂，一方面由于欲望的驱使，他渴望突破肉体的禁忌，另一方面从“精神之爱”到“肌肤之爱”之间漫长的过程又使得达利很焦虑，再加上两个人在一起的前途的不确定性，各自可能遇到的现实压力，等等，竟然让达利有了一丝放弃的念头。加拉则表现得比达利坚决，当达利用胳膊抱住她问“我该同你干什么呢”的时候，加拉激动地流着泪水，回答他：“你说，该同你干什么吧！你知道的，不要含糊其词不好意思！说吧！”

达利吻着加拉微微开启的双唇，长久被束缚的肉体欲望突然一下子觉醒了，他们疯狂地接吻，如同未经世事的少男少女一般消失在令人眩晕的情欲的深渊而不愿清醒……那晚的情景，恐怕没有谁会比当事人更加清楚，而当事人偏偏又是那样一个爱幻想的家伙，所以用文字，哪怕是达利自己的文字复现当时的情景，都是不可能的了。我们只是知道，那晚“加拉·萨尔瓦多·达利”诞生了，从此以后，对达利来说，世界上最重要的事情是加拉·萨尔瓦多·达利，其次是达利，然后才是别的什么东西。

第五章

1929—1934

上流社会的超现实主义者

我是一个有智慧的怪物，

在我们这个社会里，

如有许多“毕加索”、

许多“达利”，

那将是岌岌可危的，

值得庆幸的是，

没有这种情况。

题　记

1924 年超现实主义运动的领袖安德烈·布勒东在巴黎发表《超现实主义宣言》的时候，达利还是马德里艺术学院里的一名激进的学生，而到了 20 世纪 30 年代，在巴黎的超现实主义团体人丁兴旺之时，达利则成了其中被抬得最高又被抛弃得最快的人物——他拍摄超现实主义电影，举办超现实主义风格的画展，写作宣扬超现实主义文艺理念的文字，编辑超现实主义的文艺刊物，最后却被超现实主义团体逐出——这其中的原因是复杂的，有个人和团体艺术观念上的差异，有个人与个人之间的意气之争，但归根结底原因不在别处，而在于达利自己，在于他那怪异的性格、疯狂的思想和行为方式，他不可能被某种带有一致性的事物束缚，这对于一个艺术家来说，未尝不是一件幸事。从最本质的方面说，达利甚至根本不可能成为某个团体的自觉的成员，即便在一些特殊的环境里他成了一分子，逃离或是被逐也是迟早的事情。所以这段时间里，达利混迹于巴黎艺术生活中的上流社会，实际上只是在具体的境遇中“碰巧”成了超现实主义运动中的一员，他始终没有改变他的本色：一个自我中心的人，或者用他自己的话说，“一个伟大的利己主义者”。

一

首先我们有必要跳开达利的生活轨迹，从一个更广的范围内简单追溯一下超现实主义运动的历史：

1922 年安德烈·布勒东、巴勃罗·毕加索、马克斯·恩斯特及曼·雷在巴黎组建了第一个超现实主义团体。

1924 年，布勒东在《超现实主义宣言》中公开宣布，超现实主义是通过自动联想，通过内心生活的基本现实去发现世界的本质的一种手段，艺术应该不受理性的任何控制，不依赖于任何美学或道德的偏见。他为超现实主义美学下的最简明的论断宣称："神奇的始终是美的，任何神奇的东西都是美的。的确，只有神奇的才是美的。"

1925 年 6 月，巴黎举办了首次超现实主义画展，参加者有毕加索、让·阿尔普、安德烈·马松、米罗、乔治·德基里科、保罗·克莱等人，他们虽然早已从"再现"的绘画观念中跳了出来，开始注重抽象形式的重要性，但谁也没有真正掌握所谓的"连贯的超现实主义风格"。

1928 年布勒东发表了一篇重要论文《超现实主义与绘画》，其中充分肯定了文学超现实主义之外的超现实主义艺术的重要性，同时为了扩大超现实主义的影响，他号召人们要特别注意当时那些可能与文学超现实主义有联系的艺术家，其中包括几位“野兽派”或“立体派”的画家：亨利·马蒂斯、安德烈·德朗、乔治·布拉克和毕加索。

20 世纪 20 年代末以来，更年轻的一代画家达利、马格利特、保罗·德尔沃和维克多·布罗纳等人成为超现实主义绘画的中流砥柱，再加上更早一些的恩斯特，这些一直是“用手画梦”的大师，无论在表现的强度和表达的复杂性上都超越了首届超现实主义画展的那些画家们，这其中达利的“偏执狂批判”尤其受到推崇——按他在 1933 年以后的说法，这是一种自发的非理性的认识方法，是以对精神错乱现象的解释和批评为基础，从梦想、记忆、心理分析中创作出梦想的现实。这种方法存在于艺术家在既定的形象中体悟出与此不同的形象的能力之中，而且这些形象是与艺术家蓄意造成的疯狂或精神失常的状态联系在一起的。

1937 年在伦敦和纽约举办的国际画展实际上可以看作是超现实主义画展，超现实主义运动在巴黎出现十年之后，影响波及国外。第二次世界大战把几位超现实主义的创始人从巴黎赶跑后，他们在纽约又重新露面了。作为一个艺术团体，超现实主义被第二次世界大战割断，但作为一种艺术观念，它的影响却更加深远了。

从一定意义上说，我们所说的“超现实主义”一直都有两个层面的意思：一个是 1924 年源于巴黎的有纲领的文学艺术运动；另一个是一种艺术观念和思想态度。后者要比前者更有生命力也更加重要，比如说，当达利被超现实主义团体驱逐之后，在相当长的一段时间里他依然是一个受“超现实主义”艺术观念影响的画家。正如诗人保尔·艾吕雅注意到的那样，超现实主义揭示了这样一种可能性和必然性：在客观现实世界之外，存在着“另外一个世界”，无论那里的东西是多么令人烦躁或令人不快，但它确实唤起了人们的“心理现实感”，而且正因为如此，真理“必然地存在于这个世界”。

达利被超现实主义团体正式接纳，是从他在巴黎乔曼画廊举行第一次个人画展开始的，时间是 1929 年 11 月 20 日到 12 月 5 日。展览的开幕式由布勒东主持，具有讽刺意味的是，达利却因故没有出席——其实也没有别的什么原因，他只是在画展开幕前两天突然和加拉一起去蜜月旅行了。

两三个月前，达利和加拉在加达凯斯度过了最初的美好时光，之后加拉返回巴黎，而达利回到了菲格雷斯。在自己家的画室里，达利努力地收敛起对加拉的思念和幻想，专心地绘制了一系列超现实风格的作品。这其中，达利在一种微妙的心情下完成了《保尔·艾吕雅的肖像》，依然采用了大量的拼贴元素。另外还同时画了两幅大尺寸的油画:《伟大的自慰者》和

欲望之谜，母亲、母亲、母亲

The Enigma of My Desire or My Mother, My Mother, My Mother

1929年，布面油画

110厘米 ×150厘米

私人收藏

这幅画的主体结构是一块混合着高迪的哥特建筑的被风化的岩石，充满了地中海式的梦幻，延伸到左边变成了达利自己的头像，后方则是达利本人拥抱着他的父亲。

我们前面提到的《欲望之谜，母亲、母亲、母亲》，都是一听名字就知道是以欲望为主题的作品。前者表现了一个如蜡般苍白的大头，面颊是玫瑰色的，眉毛很长，巨大的鼻子紧贴在地上，一只蚱蜢代替了它的嘴，这只蚱蜢腐烂的肚子上爬满了蚂蚁。后者则是画了一个巨大的、充满蜂窝状窟窿的女人的盆骨，盆骨上也爬有蚂蚁，透过盆骨，能看到远处女性的裸体，以及两个幻想人物的拥抱，还有一条鱼、一只蚱蜢、一把短剑和一个狮子头。

达利很看重《欲望之谜，母亲、母亲、母亲》，认为这是他一生中最重要的十幅作品之一。他解释说，这幅画来自两个灵感：一个是精神分析的解释——据说由于一个人非常爱他的母亲，就会梦见唾她，甚至在一些宗教中，唾液也是尊敬和崇拜的象征，所以达利给这幅画题下的文字是“有时，我带着愉快唾我母亲的肖像”；另一个来自达达主义领袖查拉的一首诗歌《我的黑暗的伟大哀歌》中对母亲的歌颂。我们今天回过头去看，这幅作品完成在达利刚和加拉坠入情网之时，似乎除了达利自己的解释，他对加拉那种杂糅了母亲之爱的情感，也应该是作品产生的内在原因。更有意思的是，这幅作品还从一个特别的角度，暗示了达利和父亲的关系，他说画中那两个在母亲的盆骨边拥抱在一起的形象是他和父亲，而我们在下面将看到，达利在认识加拉、画出这幅作品之后不久，就和父亲闹僵，甚至一度弄到了断绝父子关系、被父亲驱逐出家门的境地。可以这么说，这幅画“寓言式”地表达了当时达利的情感依托和欲望模式，同时又“预言式”地展现了父子之间的裂隙以及对弥补这种裂隙的美好愿望。

达利准备把新画的这些作品也拿到巴黎展出，他把它们交给菲格雷斯一位熟识的木工，让他按照要求，非常认真地把它们裱装好，然后动身去巴黎，为展览做一些前期准备。

一到巴黎，达利就进了一家花店，为加拉买了一大束最好的红玫瑰。午饭后，他来到乔曼画廊，碰见了保尔·艾吕雅，他似乎已经知道了整件事情，但他表现出的却是那种一贯的从容，他告诉达利，加拉正在等着他，还告诉了达利约会的时间和地点。晚上，达利按照约定和加拉共进晚餐。热恋中的情人再次相见，气氛之热烈可想而知。加拉告诉达利她准备把在加达凯斯收集到的达利的文章加以修改，然后放入一册理论和诗的文集中出版，文集的名字她都想好了，就叫《有形的女人》。加拉还说，她费了好些口舌，才说服那些超现实主义朋友们，让他们相信达利除了画画，也能写出一些具有哲学深度的精彩文章。

随着《一条安达鲁狗》的正式上映，以及来自不同阵营的褒贬，达利的名声越来越响，再加上艾吕雅等去过加达凯斯的超现实主义团体成员的宣传引见，达利很快就在超现实主义大本营寨拉诺咖啡馆见到超现实主义运动的领袖式的人物布勒东。之后的一段时间里，达利是寨拉诺咖啡馆的常客，还去过

伟大的自慰者

The Great Masturbator

1929年，布面油画

110厘米×150厘米

菲格雷斯达利剧院博物馆

我们能从画中人物的长睫毛、大眼睛和整齐的发型判断出他就是达利本人，头发上的鱼钩和嘴边的蚂蚱代表着恐惧（他小时候被鱼钩弄伤过，而蚂蚱是他害怕的动物）。但象征欲望的蚂蚁则在吞噬着蚂蚱，代表着恐惧的减少。

布勒东在巴黎第九区泉水街 42 号的寓所，两个人的关系逐渐亲密起来。有一天，布勒东看了达利即将展出的作品，主动提出要担任画展开幕式的主持人，达利有些意外，但还是愉快地答应了。我们猜想，后来布勒东一定是后悔了，当他在开幕式上发表热情讲话的时候，达利已经和加拉在巴塞罗那附近的一处海水浴疗养地享受地中海冬日煦暖的阳光了。

蜜月旅行结束后，达利并没有和加拉一起返回巴黎，他又回了一次家。正是这一次，达利和父亲发生了激烈的冲突。起因可能是这样的：父亲对达利和加拉这样一个有夫之妇交往本来就不高兴，何况加拉还是一个比达利大九岁的俄罗斯人，当父亲得知蜜月旅行几乎花光了达利从乔曼画廊得到的所有预付款，他十分生气。关键是达利在父亲面前表现出的那种傲慢的神情，最终惹恼了父亲。一段时间之后，达利刚回到巴黎不久就收到了父亲寄来的一封信，信中言辞激烈，用一种决绝的方式表达了和儿子断绝关系的意思。达利并没有想到事情会闹到如此严重的地步，但他并不想示弱，结果，达利在认识了加拉不久，在巴黎春风得意之时，却被自己的家庭拒绝，而且这种状态一下子就延续了六七年之久。达利在回忆录中，没有透露父亲给他写的那封绝交信的具体内容，而且他自己后来也说，他一直解不开父亲当时这么做的原因。在这里，我们不妨去猜测一下，也许父亲感受到了达利对一个比他大九岁的女人病态的依恋，这超越了父亲伦理和道德的底线？也许父亲越来越感到那个曾经在自己的陪伴下去考艺术学院的儿子，正离自己越来越远，这种失望引起了愤怒？还是不要去猜测了，再猜可能就会归结到“父亲和儿子是天生的敌人”之类弗洛伊德味十足的论调上去了。总而言之，事情已经发生，而且到了30年代末期，事情也已经结束，我们就不用对这中间的隐秘过于在意了。

在达利和父亲发生争吵的第二天，布努埃尔突然来到菲格雷斯。他很兴奋地说他从一个叫诺埃尔的子爵那里获得了一份“赞助基金”，可以用来再拍摄一部他们想拍的影片。前几天，达利从乔曼的电报中得知，他的第一次个人画展非常成功，第一幅卖出去的作品就是那幅《欲望之谜，母亲、母亲、母亲》，购买者正是这位诺埃尔子爵，他还买了另一幅作品《阴郁的游戏》。最后，达利在乔曼画廊展出的全部作品都卖掉了，售价从六法郎到一万两千法郎不等。

达利和布努埃尔一起去了卡德隆兹，如同上次那样一起讨论剧本。画展的成功，再加上新电影的创作，让达利很快就把与父亲的不快抛在了脑后。但和上一次有所不同的是，在剧本的草创阶段，达利和布努埃尔之间不再完全一致，按照达利的想法，这部影片应当传达“受到天主教神话的辉煌创造浸润的爱的暴行”，而布努埃尔是一个无神论者，此时已经开始接触马克思主义的思想，所以他不愿意给宗教的暴行留有任何回旋的余地，觉得应该坚定地表达一种反教权主义的思想。当然在另外一些方面，两人还是有着共识：比如他们都认为应该保持《一条安达鲁狗》的那种先锋姿态，应该通过对性欲的表现继续讽刺中产阶级，批判上流社会。他们给新电影起了一个具有反讽色彩的名字:《黄金时代》。

如同这个电影的名字，达利再次回到巴黎之后，也迎来了自己的“黄金时代”，但正像这个电影的名字充满了反讽意味一样，我们今天回顾达利那段春风得意的生活，能发现在这背后隐藏着达利自己忽视了的危机和潜流。

二

我们知道，在没有认识加拉之前，达利虽然乐于富裕奢华的生活，但那是一种不为金钱控制的自由状态，或者换句话说，他只知道用钱，却并不斤斤计较于聚敛财富。根据布努埃尔在他的自传《我的最后一口气》中回忆说：“外界也许很少人知道，达利其实并不是那么势利的人，大家都以为他很会做生意，对金钱斤斤计较。事实上，在遇见加拉之前，他对金钱的事情是毫无概念的，他不知道如何处理金钱。记得以前在马德里念书的时候，有一次达利、洛尔卡和我三个人要去阿波罗剧院看戏，洛尔卡要达利去买票，我们在对面街旁等他，结果等了老半天不见他回来，后来才知道他根本没买票，‘钱我数不清，’他说，‘我搞混了，不知道怎么买……’我们住在巴黎的时候，他每次和他姨妈出门，要过街的时候总是要姨妈牵他的手才行。每次去买东西，总是忘了拿回零钱，东西拿了就走。他和加拉在一起以后，对金钱的事情竟突然变得明白起来，追求金钱成为他下半辈子的主要目标……”

回到巴黎之后，达利从画展中得到了一笔不菲的收入，同时他除了继续和超现实主义团体保持联系之外，还开始出入上流社会的社交场所。达利在自传中表达了这样一种意思：他是带着讽刺的目光和利己主义者的欲求出入上流社会的，他在价值观和审美情趣上并没有被上流社会同化。他说他在社交中发现了两件事：第一件是那些上流社会的贵族们远比艺术家和知识分子更受不了达利的疯狂，他们大多用一种很“古典”的方式讲究着高雅和文明，即便是一些年轻的资产阶级和倾向于社会主义的一代，也是怀着欢乐之情献身于具有集体主义倾向的各种新观念中，对达利那种极端个人主义和无政府主义的行为也难以接受，但出于某种附庸风雅的本能，他们愿意出钱支持他们不喜欢的东西；第二件是，那些贵族们乐于坐在所有摆满着最美丽的水晶玻璃器皿和最华贵的银器的桌子旁，来炫耀他们的男女私情和讲闲话的聪明，他们大多是这方面的高手。所以达利决定利用这两类人，一方面使上流社会的人士从经济上支持他，另一方面让他们用一些妒忌的蠢话和中伤来进一步扩大自己的名声。

不过，人的主观愿望是一回事情，客观的效果又是另一回事情。钱和社会承认这种东西太有力量了，达利以为自己能进退自如地像驾驭画笔和颜料一样驾驭它们，但是从某种程度上说他错了。事实表明，他会不知不觉地受到那些异己力量的影响甚至是异化，即便他是如此卓尔不群的天才达利。达利带着讥讽和嘲弄，从诺埃尔子爵家的晚餐会开始步入巴黎的上流社会，在看到自己那幅《阴郁的游戏》挂在客厅显眼位置的时候，他感到极为得意，从这个时候起，达利在嘲弄和讥讽了上流社会的同时，自己也成了反讽的对象。

达利讽刺那些上流社会的人士，认为他们就是这样一些人：有意做出来的贵族姿势显示了他们除了接触最起码的生活必需品外不再接触世上各种琐事的意愿，就像那些不用两脚直立，而用一条腿保持平衡的鸟类一样。他们以自我为中心，但也需要支持，所以他们把一群诸如艺术家之类的五光十色的人聚集到自己的身边，他们是在用这种“赶时髦”的态度来尽力抵御贵族的没落。从这样的状态中，达利获得了一个灵感：他觉得包括他自己在内的出入上流社会的人，在现实生活中，为了表明自己的身份，时常拿着手杖；在精神状态上，他们也确实都像是一个个少了一条腿，要靠着某种外在的事物支撑自己身体的“精神残疾者”一般。从这个想法出发，达利画了很多幅“充满了拐杖”的作品，比如《无形：有限而普通的竖琴》《威廉·退尔之谜》《沉睡》等。一些拐杖支持着染上了脑髓病的畸形发展的某些头颅，另一些则使一些稀罕的优美姿势或舞蹈动作固定下来。他甚至发明了一种极小的用于面部的拐杖，配合着嘴并支撑着鼻子，如同在《沉睡》中的一样。我们可能还记得少年时代达利喜欢手持拐杖来显示自己的与众不同，而现在，达利在和上流社会打交道的过程中，把“拐杖”当作一种“没

沉睡

Sleep

1937年，布面油画

51厘米 × 78厘米

私人收藏

湛蓝色的天空下，一张巨大的脸被细细的拐杖架起，展现出入睡时的蒙眬意识和梦乡的虚幻氛围。画家在此想表达的是睡梦中的潜意识能够被富有创造力的艺术活动所开发利用。

有任何价值但又支撑着价值体系”的状态的象征，这其中不乏深刻性。

但是达利又在一定程度上迷恋所谓的贵族制度，他觉得超现实主义大谈“革命”，是在用一种群体的规范来否定个人，而贵族制度所隐含的是一种极端的个人主义，这符合达利的心性。另一方面，来自上流社会的经济财富确实让达利感到愉快。20 世纪 30 年代初，由于失去了家庭的经济来源，加上达利和加拉消费颇高的生活开支，再加上定期付给达利报酬的乔曼画廊由于经营不善濒临破产，进而拖欠钱款，这使得达利过了一段不长的拮据日子，让达利第一次感到金钱原来是如此重要的东西。恰巧在那时，诺埃尔子爵给达利去信，说他听说了乔曼画廊的事情以及达利的窘境，表示愿意为他提供经济援助。达利答应为子爵画一幅作品，并从他那里得到了两万九千法郎的预付款。对于诺埃尔子爵的“雪中送炭”，达利虽然不至于感恩戴德，但也不会无动于衷吧。事情就是这样，当你从某种事物中获得了好处，那么你对这种事物的判断就可能在不知不觉中发生改变。

达利一生的物质生活，总体上说要比同一时代的大多数艺术家来得更加富裕。这种情况的形成，毫无疑问可以从这一时期达利对待金钱态度的改变那里找到原因。达利很在意自己和加拉的生活，但他并不是一个具有商业才能的人，所以经营两个人的生活自然而然就成了加拉的责任，她在这方面要比一般的女性更在行，可以说，有了加拉，达利就从没有缺过钱。

加拉经常嘲笑丈夫是一个加泰罗尼亚的农民，说他对金钱和财富只有着农民一般的概念。她曾经回忆过这样一件事。

一次在巴塞罗那，加拉陪他去银行提取诺埃尔子爵那张两万九千法郎的支票。当银行出纳员伸手要取他手里刚签完字的支票时，达利顿时惊恐万状：

“不，他把钱给我时，我再给他支票。”

“可你想，他要这支票有什么用呢？”加拉很疑惑地看着达利说。

“他会吃了它的。”

“为什么他要吃了它？”

“要是我处在他的位置上，我肯定会吃了它的！”

“不过就算他吃了它，你也不会失去你的钱啊！”

“这个我懂，可如果今天拿不到钱，晚上我们就不能去吃蘑菇和野味了。”

就如同布努埃尔的回忆一样，加拉从另一个侧面向我们证实了达利对金钱的态度。我们相信这样的事情肯定多次发生过，因此我们也相信，如果没有加拉的前后呵护，达利在生前不可能聚敛起巨大的财富。

三

说这个时期的达利春风得意，是有根据的。他在绘画上的名声，已经不仅仅局限在巴黎和欧洲大陆，开始穿过英吉利海峡和大西洋，传播到英国和美国了；他在超现实主义阵营中不仅作为一个画家出现，还作为一个作家甚至是理论家的面目出现，不仅画出了一批超现实主义的经典作品，还写出了有相当影响力的文字；他的爱情生活也一帆风顺，和加拉如胶似漆，并在加达凯斯一个叫作“利加特港”的地方修建了属于他们两个人的房子，以便可以随时离开热闹的巴黎回到自己的安乐窝。

达利和加拉拿到了乔曼画廊的欠款，又有那笔两万九千法郎的赞助款，所以他们准备找到一个合适的方式花掉它。达利记得在加达凯斯的时候，曾经去过他们家在卡德隆兹的女仆里季亚的儿子的住所，那是在利加特港的小海湾的一间旧木板房，达利觉得这里既独特又安静，所以想买下它，然后把它好好地改造一番。达利想在这里住下还有一个原因，这里从一定意义上属于自己的家乡，而且这里的渔民们对达利表现了友好的善意。要知道那个时候，达利和父亲断绝关系的消息早已在加达凯斯传开，而利加特港的人们似乎完全不受舆论的束缚。渔夫们知道报纸谈到达利，但是他们会说："他很年轻，他不需要父亲的钱，他可以像他理解的那样去自由地安排自己的生活。"

选定了地方，达利就给里季亚写了信，她很爽快地回信答应了，并向达利保证说，她一定去说服儿子给出一个合理的价格。达利找来了细木工，按照自己的想法好好地改造木板屋。于是过了一段时间，到 1930 年下半年，在达利的生活中扮演着重要角色的"利加特港宫殿"就建成了。这里成了达利的永久寓所，达利把他和加拉的大量书画和生活用品都搬到这里，直到去世，他都没有出售过这里，而且一有可能达利就会回到这里生活和绘画，如果不是因为战争和流亡，达利在这里待的时间会更长。

有了"利加特港宫殿"，可以说达利就有了一个"世界的中心"，在这里他轻松自由，在这里他进退自如。这一阶段，他在艺术上的主要成就都是在这里完成的。

先说绘画上的成就。经过了乔曼画廊画展的成功，达利和超现实主义之间的关系密切起来，1930 年，在超现实主义团体的组织下，达利的十幅作品和团体里的其他画家的作品一起在美国展出，这次展览相较于 1925 年在巴黎举行的那次"超现实主义画展"来说，更加名副其实。达利、马格利特等新一辈画家的作品表现出了一种成熟的、纯粹的超现实主义风格。

这次展览虽然没有让达利的名声一下子在美国响起来，但却是达利的作品第一次踏上美国的土地，为他后来在美国的发展迈出了试探性的一步。

乔曼画廊破产之后，加拉为达利要回了最后一笔酬金，然后就开始寻求跟新的画商的合作机会。1930 年他们和巴黎的皮埃尔·科尔画廊签订了一份新合同，画廊要保证在今后的三年里，每年为达利在此举行一次画展，达利每年则必须提供一定数量的新作品，并按照一定的比例和画廊分享卖出作品的所得。有了这样较为稳定的合同，达利便可以安心地勤奋作画了。这段时间在利加特港，达利先后画出了《无形的睡着的女人、马和狮子》《记忆的永恒》《眩晕》《夜之荫降临》等作品。

《无形的睡着的女人、马和狮子》这幅作品中，女人、马和狮子的形象集合在一起，成了第一幅在皮埃尔·科尔画廊卖出的作品，买主还是诺埃尔子爵。这幅作品是达利在《无形的男人》《无形的女人》之后继续实验其所谓的“双重形象”的成果。达利用不同的题目画了三幅这样的作品，不过其他的在 1930 年 12 月 3 日损毁于巴黎的第二十八画室，原因是人们在这里看完了《黄金时代》之后，爆发了示威，达利的作品就成了人们攻击的对象。所谓双重形象，按照达利自己的解释，是指一个形象，在一种偏执狂的想象中，可以延伸和变幻出第二种、第三种乃至更多的形象。这种方法达利在以后的绘画中经常使用，比如 1937 年达利画了《天鹅映象》，水面上的天鹅在

天鹅映象

Swans Reflecting Elephants

1937年，布面油画

51厘米 × 77厘米

私人收藏

画家特意描绘光秃秃的树枝以便于将天鹅的形态倒映成大象，粗细不等的枝条也被巧妙地构筑成了大象的腿部。达利通过这种双图像的风格开启了新的幻想世界的大门。

水中的倒影变成了大象的形象，天鹅的长颈变成了大象的鼻子，天鹅的翅膀就变成了大象的耳朵；再比如，1941 年，达利到美国之后画了一幅作品《伏尔泰的隐形半身像》，几个以不同姿势站在拱门边缘的人，单看每一个人的面貌和形态都很独立，但结合在一起，任何周围的物体和环境竟然都能够组成一尊秃顶长胡须的老年男子的人头像，达利说那是他在画伏尔泰。

《记忆的永恒》可能是达利最具有知名度的作品了。这幅作品完成于 1931 年，首次亮相于 1932 年纽约朱利恩·列维画廊的超现实主义多人展上，现典藏于纽约现代艺术博物馆。画中耷拉在树枝上的“软表”形象，成为 20 世纪最具有象征意味、最奇特的幻想之一。画面展现的是一片空旷的海滩，海滩上躺着一只似马非马的怪物，它的前部又像是一个只有眼睫毛、鼻子和舌头荒诞地组合在一起的人头残部；怪物的一旁有一个平台，平台上长着一棵枯死的树；而最令人惊奇的是出现在这幅画中的好几只钟表都变成了柔软的有延展性的东西，它们显得软塌塌的，或挂在树枝上，或搭在平台上，或披在怪物的背上，好像这些用金属、玻璃等坚硬物质制成的钟表在太久的时间中已经疲惫不堪了，于是都松垮下来。达利承认自己在《记忆的永恒》这幅画中表现了一种由弗洛伊德所揭示的个人梦境与幻觉。据说达利为了寻找这种超现实的幻觉，曾去精神病院了解患病者的意识，认为他们的言论和行为往往是潜意识世界的最真诚的反映。达利运用他那熟练的技巧，精心刻画那些离奇的形象和细节，创造了一种引起幻觉的真实感，令观众看到一个在现实生活中根本看不到的离奇而有趣的景象，体验一下精神病人式的对现实世界秩序的解脱。

在和加拉坠入情网的时候，达利根本来不及用画笔描绘加拉，现在他们在利加特港有了自己的安乐窝，而且可以无所顾忌地形影不离，达利就怀着巨大的热情去描绘加拉了。在达利的一生中，描绘加拉的形象是其绘画一贯的重要主题。在这一阶段，达利先是画了两幅重要的加拉肖像，一个是 1931 年画在明信片上的，一个是 1932 年画在木板上的。前者使用了拼贴技巧，充满了愉快的幽默气息；后者则是那种学院派画风，带有明显印象派式的对光影的运用。

之后不久，达利又开始把加拉的形象和自己迷恋的米勒的《晚祷》主题结合起来，这在两幅画中表现得最为明显：一幅就是《加拉和米勒的〈晚祷〉》，另一幅是《加拉的祈祷》。

在第一幅作品中，画中的加拉穿着传统的俄罗斯民族服装，面朝外部世界坐在房间的桌子边，房间的门楣上方就是米勒《晚祷》的复制品，在加拉的对面坐着一个人，虽然他背对着观众，但还是能被认出是列宁。而那个半身躲在门后的阴影之中的大胡子男人是高尔基，他头上还顶着一只鲜红的大蟹虾。三个“俄罗斯人”被达利这样安排在了一起，再加上被达利解释为带有宗教和情欲双重意味的《晚祷》，达利似乎是在建立自己的情欲和崇拜的对象——加拉和“革命”之间的某种联

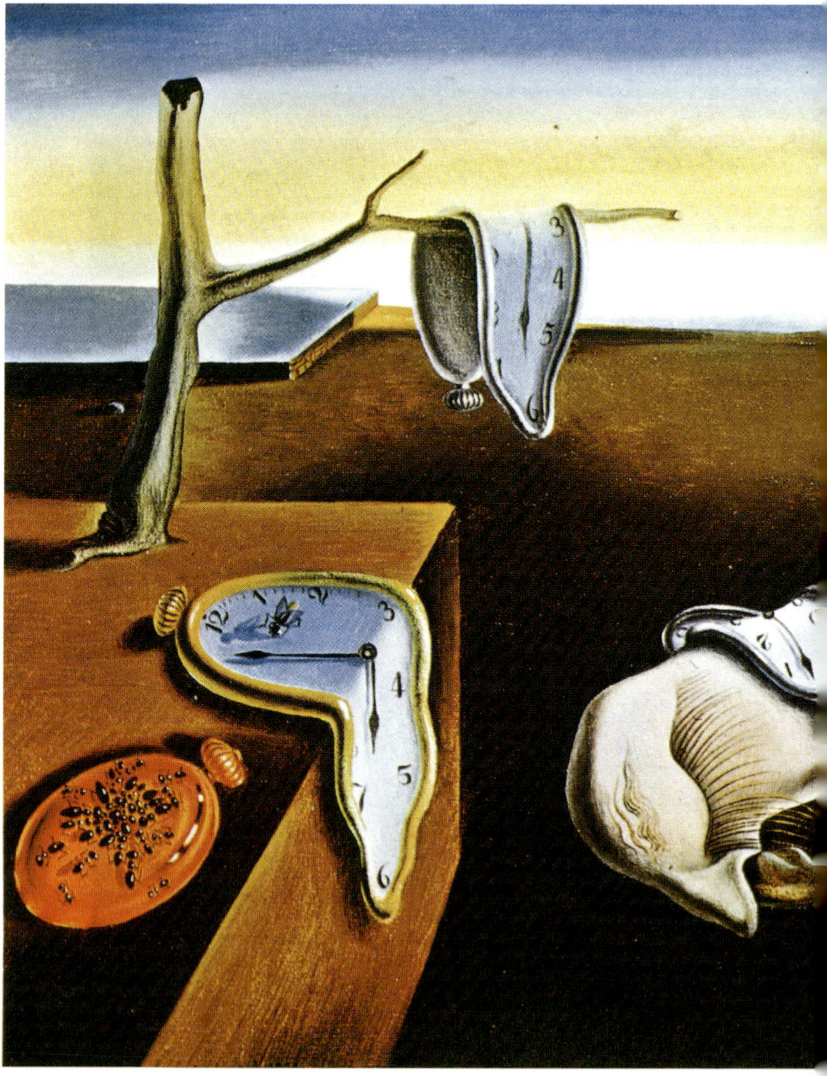

记忆的永恒

The Persistence of Memory

1931年，布面油画

24厘米 ×33厘米

纽约现代艺术博物馆

这幅画的背景是达利的故土加泰罗尼亚的风景，而软面钟表几乎就是超现实主义绘画的同义语。在西班牙语中，la montre moll意为“伸出你的舌头”，同时也含有软面钟表的意思。画中的各个物象细节精确，高度写实，但整个画面却给人一种荒诞的感觉。

系。作品中的列宁和高尔基的形象都带着明显的讽刺意味，这多少反映出当时达利对超现实主义和社会主义者所谈论的“革命”的态度。

第二幅作品中的加拉的形象更加清晰写实，但绘画整体的氛围却充满了幻想气息。加拉化身为两个，一个面对着我们，一个背对着我们，她们似乎是坐在一辆农用车的两端，用一种静穆的表情和姿势在默默地祈祷。在面对我们的那个加拉背后的墙上，挂着米勒《晚祷》的变形画，里面的那两个农民的形象坐在一辆车的两头，在晚钟响起的时候虔诚地祷告着。

还有一幅画——《黄昏的隔世遗传》，可以说是达利直接利用和探讨《晚祷》主题的作品。在画中，达利保留了米勒原作中夕日祈祷的两个人物形象，所不同的是，祈祷的夫妇的场景从农田移到了海边的岩石风景中，男人的面孔变成了骷髅，而女人也戴着假面具，两个人都拖着长长的影子。根据达利自己的解

加拉和米勒的《晚祷》
Gala and the Angelus of Millet
1933年，木版油画
24厘米×19厘米
渥太华艺术博物馆

达利在此通过令人无法解释的逻辑手段，形成了一种与现实的外部世界具有相同说服力、认知性和传播性的具体的非理性。

黄昏的隔代遗传

Atavism at Twilight

1934年，木版油画

13.8厘米 ×17.9厘米

伯尔尼艺术博物馆

达利借用米勒《晚祷》中的人物形象，将他们转变成了一幅恐怖的画面。作为超现实主义画家，达利在此扭曲了现实，并将无意识世界中的景象展现在观众面前。

释，农妇垂头的姿势、农夫在下腹掩盖着帽子的动作，都暗示了这对夫妇压抑着的性冲动，而两个人恐怖的面部，则暗示了把男人当作死者，反映的是如螳螂交媾中雌吃雄的欲望现实，而这明显受到了弗洛伊德思想的影响。

总体来说，达利这个时期的作品，体现和实践了他所谓的“偏执狂辩证法”——用一种非理性的、本能的方式组织知识和元素，它带着批判的眼光从客观现实出发，表现的是对种种现实精神错乱般的联想和解释。

达利不断画出新的作品，同时又不断地在各种重要的展览上展出这些作品，并不断地开拓其艺术的领域和影响范围，达利很多的“第一次”都是在这个时期完成的。1930 年到 1932 年，他固定在皮埃尔·科尔画廊举行了三次画展。1933 年在纽约的朱利恩·列维画廊举办了第一次美国个人展，展出了达利的二十五幅作品，这是继上一年达利在群展上凭借《记忆的永恒》大出风头之后自然而然的事情。同年 11 月在巴塞罗那的加泰罗尼亚画廊展出作品，这是达利取得了国际声誉之后第一次在西班牙办画展，他选择了巴塞罗那，可能是因为这里最先接受了他的独特艺术。在这一年，达利还与出版商阿尔伯特·斯契拉签订合约，为西班牙民族史诗《马尔多罗之歌》绘制四十幅插图，这也是达利第一次为书籍画插图，这在后来也成了达利从事的一个重要的艺术领域。

1934 年达利相继在法国独立沙龙、美国朱利恩·列维画廊、雅克·博吉画廊、卡耐基学院等地举办画展。这一年，达利在加拉的陪同下离开欧洲大陆，第一次去了英国和美国。达利是受到伦敦佐默画廊的邀请去英国的，他在那里举办了在英国的首次个人展；而他们去美国一方面是因为第二次朱利恩·列维画廊画展的需要，另一方面是受到康涅狄格州哈特福德的华兹华斯博物馆的邀请，去那里讲学。达利夫妇乘坐查普兰邮轮去纽约，一个叫凯利丝·柯罗斯比的美国贵夫人通过她在美国的亲属，为达利夫妇提供了生活上的帮助，而毕加索则慷慨地支付了他们在船上的一切开销。从纽约到哈特福德，达利沿途游历了美国的好些城市，这里给他留下了深刻的第一印象，加上他的画展很成功，几乎所有的作品都找到了买主，这似乎让达利明白了，纽约和美国也许会和他的名声及未来紧密联系在一起，他决定今后定期回到这里。

和一般的画家不同，达利不仅善于用绘画向人们展现他的无意识的幻想、有意识的思想，还善于用文字把这些更清晰地表达出来。这段时间里他先后在超现实主义团体的一些“机关刊物”和主要的理论阵地上发表文章，阐述自己的艺术观念。1930 年达利在《革命的超现实主义》杂志发表了《幻想》一文，随后发表了标题为《腐烂的驴子》的文章，以《一条安达鲁狗》中那个著名的场景为切入点，阐述和解释了他的“偏执狂辩证法”。除此之外他还写了《眼中的女人——爱情与回忆》《非理性的征服》等作品，并先后致力于《革命的超现实主义》《怪兽》

《艺术笔记》等期刊的策划编辑工作。达利曾经在自传中总结那一阶段他在这些文章中关于超现实主义革命的看法，他列出了这样一个旗帜鲜明的表格：

我的斗争

反 对	用 户
简单	复杂
平均主义	等级制度
政治	玄学
自然	艺术
机械论	梦
年轻	成熟
菠菜	蜗牛
如来佛	德塞德侯爵
太阳	月亮
米开朗琪罗	拉斐尔
伦勃朗	弗米尔
非洲艺术	文艺复兴
未开化的物体	最文明的 19 世纪
医学	巫术
哲学	宗教
山	海岸线

（续表）

反 对	用 户
鬼怪	幽灵
女人	加拉
男人	我自己
时间	消逝的时光
怀疑	信仰

我们不去对他这个表格中的每一项做解释，我们同样可以感受到达利的艺术态度：从幻想性的事物和艺术中，用个体的自由取代群体的刻板，创新并非直线向前，而是一种融合了复杂性和玄学的态度。从这里我们可以看出，即便是在和超现实主义团体关系最为融洽、达利最春风得意的这个阶段，他也是一个“非典型”的超现实主义者。他对艺术和幻想的兴趣要远远大于对革命或政治的兴趣，在两者能够保持一致或至少不冲突的时候，达利还能够为人们接受，而当两者发生了矛盾，达利会毫不犹豫地放弃后者，这就会让人们觉得达利的政治态度有问题，正是这一点为达利和超现实主义团体的决裂埋下了伏笔。

四

说到和超现实主义团体的决裂，我们首先要谈到达利和布努埃尔之间的纠葛。

前面说过在创作《黄金时代》的剧本的时候，达利和布努埃尔之间就不像第一次那么和谐了，在后来电影的拍摄过程中，一方面是由于达利和加拉正处于热恋时期，他不可能像拍《一条安达鲁狗》时那样经常泡在拍摄现场，另一方面也是因为布努埃尔的故意排挤，所以达利几乎没怎么参与具体的拍摄过程。等到影片快要上映的时候，达利才发现影片和原来的剧本之间出现了较大的出入，而且剧本原有的一些内容拍得也不符合自己的预期，即便布努埃尔把达利的画作《燃烧中的长颈鹿》以拼贴的方式放入了这部电影中。

客观地说，《黄金时代》只是进一步加强了《一条安达鲁狗》的很多方面，所不同的是影片的批判对象更为具体，更有针对性。但与此同时，因为批判的意图过于明显，在很多细节和场景的处理上又显得直白幼稚，反而失去了《一条安达鲁狗》所具有的那种隐喻的深刻性。比如，电影应用了“泛性论”的观念，但有些“性的象征”幼稚得像中学生的戏谑而不像心理分析；电影充满了那种革命者的“愤怒”的情绪，但表现一个高贵的社交场所，忽然冲进来一辆垃圾车，车上坐着几个喝得满面通红的抬土工人——这就是关于“革命”的比喻？

影片在格调平凡得近乎庸俗的画面中间，穿插了一些从新闻片和一部描写蝎子生活的纪录片中剪下来的片段。片头海滩上两个毒蝎厮杀拼斗之景与几个坐在岩石上的主教跳接，十分明显地讽刺了宗教引起的斗争如同毒蝎厮杀一般，虽然表面上不露声色，骨子里却狠毒异常。而片尾男主角把燃烧中的圣诞树、主教、牛轭等对象一个个扔出窗外，更是强烈地呈现了对宗教压抑人性的批评。探讨人性情欲是《黄金时代》的另一个主题。片中女主角发现自己的卧室床上躺着一头牛，这是很具有幽默意味的超现实处理，影射女子的欲望如同牛一般巨大，不需修饰。当她坐在梳妆台前思念情人，她强烈的情欲被反映在镜中，如同狂风，如同混乱流动的云天。这一个镜头令我们联想到超现实画家勒内·马格利特的某些作品。《黄金时代》另一个关注的主题是对中产阶级社会的批判。片中牛车出现在西装革履、云鬓香肩的贵宾之中，凸显着中产阶级与下层民众的差距。

不过，应该说，在主题和画面的效果上，这部影片更符合超现实主义在政治上的要求。这些达利并不在意，而布努埃尔却很看重。说到这里，我们有必要进一步补充一下两个人在这方面的区别。相较于达利，早期的布努埃尔对于超现实主义团体的政治态度更为认同。一个例子，在《一条安达鲁狗》上映之后，布努埃尔将这部电影的剧本交给了代表“资产阶级”的伽里玛出版社发表，而布勒东、阿拉贡知道之后，对他提出了严厉的批评。超现实主义的团体给布努埃尔所下的最后结论是：资产阶级无耻阴谋的牺牲品。为此，布努埃尔在《超现实主义革命》杂志上还特地发表了大意如下的声明：《超现实主义革命》是我唯一授权发表我这个剧本的刊物，这毫无保留地证明了我完全赞同超现实主义的思想和行动，没有超现实主义，就没有《一条安达鲁狗》——诸如此类的行为和言辞，是不可能从达利嘴中说出的。达利在后来的一次谈话中说：

> 布努埃尔变成共产主义者时，他就从《黄金时代》中删掉了那些最疯狂的段落，使它适应马克思主义的意识形态。他甚至没征求我的意见，就把标题改成从马克思那儿借来的一个题目。要是这部影片有价值，那就是无政府主义的价值。我从不看这第二个版本。

实际上，布努埃尔身上的这些品质，只要和艺术本身结合得更好一些，就像他后来在电影《无粮的土地》《被遗忘的人们》或《资产阶级审慎的魅力》之中做的那样，那么他的这种政治态度就会变成一种闪光点，这比达利要更让人敬佩。

回到达利和布努埃尔关系破裂的问题上来，其直接的原因就是《黄金时代》上映时发生的变故。电影拍完之后，布努埃尔因为合同方面的一些问题前往好莱坞，并没有参加这部影片的首映式。首映式的观众都是一些对超现实主义感兴趣的人，虽然也有些抗议，但观众席中全体一致的掌声很快就把它们压下去了。但两天之后，情况就不同了。电影还没有放完，巴黎28电影试映室就发生了骚乱，持不同政见的人们相互攻击，有些年轻人还开了枪，投掷了一些气味难闻的球状物和一些催泪瓦斯瓶。影院休息室里的一个超现实主义的书展被洗劫一空，一批达利的画也遭了殃，由于一名女引座员把它藏在了厕所里，才使得前面我们提到的《无形的睡着的女人、马和狮子》那一幅保存下来。之后的几天内，各种报纸就影片的主题展开论战，影片也终于因为“宣扬布尔什维克主义”被警察局禁演了。

在这件事情之后，达利觉得他承担了原本不该他承担的责任，他下决心不管是电影还是别的什么，他都不再跟任何人合作。这是1930年的事情，达利和布努埃尔，这两位先前的好友、后来的艺术大师自此以后分道扬镳，直到去世也没有和解。还记得达利和布努埃尔当年在马德里的雷克脱尔俱乐部畅饮香槟的夜晚吗？对于两人来说，那是怎样的一种快乐！达利曾经给布努埃尔画过一幅肖像画，先锋的达利用最平实素描的手法和最简单的黑白颜色画了好友的面貌和神态，这是他们两人之间曾经的友谊的最好见证。1982 年，也就是加拉去世那一年，同时也是布努埃尔去世前一年，布努埃尔在他刚完成的回忆录——《我的最后一口气》中写道：

> 尽管我们年轻时代在一起的记忆是那么美好，我个人也很崇拜欣赏他的大多数作品，但是每当想到他的自私自利，他的表现狂，他对法西斯党的支持，以及他对友谊的不尊重，等等，我就觉得永远没办法原谅他。记得几年前在一次访问里，言谈中提到达利时，我曾经说过，我希望在死以前能够和他一起喝一杯香槟，后来他读到了那篇文章，他回话说："我也很想啊，可惜我已经戒酒了。"

从某种程度上说，1930 年达利和布努埃尔的决裂，只是 1934 年达利和超现实主义团体之间决裂的预演。早在 1932 年，由于政治观点的分歧，超现实主义的两个核心人物布勒东和阿拉贡已经分手，前者还在无政府主义的范畴内谈论革命，后者已经成了一个相当程度上的马克思主义者了。阿拉贡原本就不是很喜欢达利，布勒东倒是很欣赏达利的才能。但是到了 1934 年，即便是布勒东对达利也无法忍受了。原因是那段时间里达利对希特勒的形象着了魔，还画了一幅《希特勒的护士》的作品，并公开声称希特勒的性格符合一个典型的超现实主义者的症状，这一下子就把布勒东和超现实主义团体激怒了。

1934 年 1 月，超现实主义团体在巴黎“布勒东工作室”召开了一次会议，会上达利被要求对自己的行为和言论做出解释。那天达利感冒了，穿了好几件毛衣，口中还含着一支温度计，在布勒东批评他的过程中，他一言不发，只是一次又一次地给自己量体温，当指责结束，达利一下子从座位上站了起来，边一件又一件地脱去毛衣，边为自己辩护。他说，由于他试图描述梦境，所以他没有权利对梦的内容做任何有意识的控制，如果他梦见了希特勒或是列宁，他就必须按照梦中的情景把他们画出来，这并不是他的错。

对于达利的解释，我们可能会有不同的看法：一种如前面所讲，当艺术和幻想与革命或政治发生矛盾的时候，达利会毫不犹豫地选择前者，这就会让人们觉得达利的政治态度有问题；但达利固然不是一个马克思主义者，却也不是纳粹，他虽然反对政治，但在政治倾向上他更偏向后者，这和他那种疯狂的本性有关；第三种，达利所说的“真实地描述梦境”并不能站得住脚，因为弗洛伊德都曾经这样对达利说：“我感兴趣的不是你画中的无意识，而恰恰是你的有意识。”达利在“有意识地描绘自己的无意识”，还要让人相信那是“纯粹的无意识”。

想来超现实主义团体在当时肯定不会抱着前两种宽容的态度，他们能有第三种态度就已经不错了。所以，在这次会议之后的第二天，达利被告知自己已经被开除出超现实主义团体了。

希特勒之谜

The Enigma of Hitler

1939年，布面油画

95厘米 ×141厘米

马德里索菲娅王后国家艺术中心博物馆

在这幅超现实主义画作中，唯有希特勒的画像最为真实，枯萎的橄榄枝代表着希望的死亡，重重压在其上的电话听筒已经突变成了具有威胁性的龙虾爪，象征着战争时代的危险。

第 六 章

1934—1940

超现实主义之后，战争之中的游移岁月

由于我是天才，

我没有死亡的权利。

天才会死，天才的作品不朽。

题　记

达利离开了超现实主义团体，但他声称自己才是真正的超现实主义精神的代表。所以这一时期，尽管在不同的艺术领域有了一些新的尝试，比如芭蕾舞和时尚设计，但达利的绘画风格没有什么太大的改变，改变的是他的生活。因为西班牙内战，他先后在法国、英国、美国之间游历，还三次去了意大利研究文艺复兴和巴洛克艺术；因为第二次世界大战，达利不得不在德军攻陷巴黎前离开法国，返回内战后的家乡，并从那里取道葡萄牙，和加拉一起远赴美国。这段时间，可能是达利一生中最动荡的岁月，但我们能看到，达利并没有被动地接受现实的倾轧，而是主动地在应对，当然这是在加拉的帮助下完成的，所以我宁愿称之为“游移岁月”。

一

和超现实主义团体闹僵了的达利，在巴黎的日子不再像前两年那般好过了，所以他适时地把事业的重点放到了英国和美国。他还为自己保留了超现实主义者的名号，并不介意别人继续称他是一个超现实主义者，但不同的是，这已经完全是个人行为了。

1935 年到 1936 年期间，达利认识了另一位重要的艺术赞助人——英国收藏家兼诗人爱德华·詹姆斯，他是英国皇室成员爱德华七世的教子，既有钱又有地位，关键是他对达利的作品感兴趣。他们之间签订了一个为期两年的协议，爱德华·詹姆斯买下了这两年间达利的所有作品，这其中有一些是达利在战前画出的最好的作品：《那喀索斯的变形》《秋天里的食人肉者》《中度偏执狂的想象》《地质学的公正》等，前两幅现在放在伦敦的塔特美术馆，后两幅则是鹿特丹伯尔曼－凡·比宁根博物馆的镇馆之宝。

1936 年，在加拉的陪同下，达利第二次去了纽约。他此行的目的有两个：一是参加在朱利恩·列维画廊举行的第二次个人画展，二是出席在拉顿画廊举办的名为“幻想的艺术，达达和超现实主义”的实物展览，并发表演说。这一次去纽约，达利已经不再像第一次那样还需要朋友或熟人的引见和照顾了，他像是一个明星，走到哪里都会受到热情的接待。这一方面是由于达利的名声因为第一次画展的成功在纽约响了起来，更直接的原因是画展的主办者对达利进行的宣传。在达利刚到美国不久，《时代》周刊就把达利的一幅肖像摄影登在了封面上，并发表了标题为“超现实主义者萨尔瓦多·达利——一棵柏树、一位大主教、一片从窗口飘出的轻如羽毛的云彩”的文章。达利开始的时候还不以为然，认为《时代》周刊可能就是一般性的杂志而已，可当他知道整个美国都在阅读这本周刊的时候，他才意识到，自己的知名度在美国已经达到和将要达到何种程度。这时候，他才觉得让曼·雷而不是别人为自己拍摄那张肖像照是一个多么明智的选择。

曼·雷是美国人，在纽约长大，1921 年追随好友、达达艺术家马塞尔·杜尚的脚步离开纽约来到巴黎，是达达派、立体派和超现实主义艺术的先驱。开始的时候，在进行各种艺术实验的同时，他只是把摄影当作解决生计问题的手段，可不承想“无心插柳柳成荫”，他竟然成了 20 世纪最重要的摄影家之一。他发明了一种不用相机直接在相纸上曝光的方法——在相纸上放置物体，然后依次曝光而得到以光影构成的迷宫一样的景

那喀索斯的变形

Metamorphosis of Narcissus

1937年，布面油画

51.2厘米×78.1厘米

伦敦泰特美术馆

这幅作品的灵感来自希腊神话人物那喀索斯。那喀索斯的巨大身影跪在水池旁，像是陶醉于自己美丽的倒影，右边的手中拿着长出水仙花的蛋，预示着他向植物的转变。

象——这种独特的影像称为“雷式影像”。当然，他最为世人称道的成就还是他的人像摄影。他将负感效应和粗颗粒放大运用于人像摄影中，为毕加索、布雷东、乔伊斯、海明威等许多名人都拍摄过令人印象深刻的肖像照，一时间，请曼·雷拍照成了知识界和艺术界的时尚。

达利和曼·雷在巴黎的时候就认识，这一次在纽约，在曼·雷的家乡，为了展览和新闻图片的需要，达利和曼·雷很自然地合作了一次。达利看到这组造型独特的照片，觉得自己的性格和态度在照片上表现得恰到好处，既准确又独特。达利选了一幅给了来采访的周刊记者，于是达利在公众领域中的典型形象就此诞生了：奇怪的发型，瘦而长的脸型，一双瞪得很大的眼睛，满脸神经质的表情。人们在后来的各种媒体上看到过达利各种各样的影像，其基调在这个时候就奠定了。至于达利肖像中那两撇精致的小胡子，则是达利和另一名著名的摄影家菲力普·豪斯曼在20世纪40年代之后合作的产物，我们在下面会提到这件事情。

达利在列维画廊举行的第二次个人画展比第一次的还要成功，几乎在一天之内，所有的作品都有了买主。参观展览的市民络绎不绝，加上新闻宣传，达利一下子成为众所周知的人物。美国人用他们自己的方式向达利显示着他的成功：人们可能会在街上拦住他索要签名，或是从这个年轻的国家的各个角落给他寄来信件。在信中，他们可以全然不顾艺术常识，大胆地给达利提出各种荒谬的建议。这些在欧洲是不可想象的。达利从普通美国民众对待他的态度中得到了这样一种判断：美国人之所以能找到解决问题的正确方法，取得了这样的成就，依靠的并不是长期经验培养起来的理智，也不是心灵的冲动，他们还太年轻，和古老的欧洲在这一方面无法相比；他们有他们的优点，他们依靠那种原生的、原始的直觉，就能够找到最可靠的决策，他们非常清楚他们缺少什么，但他们有着天生的乐观精神，他们一点也不担心，因为在他们看来，缺少的东西迟早会到来。

在“幻想的艺术，达达和超现实主义”的实物展览期间，应主办方的要求，达利同意在邦威特－泰尔商店的玻璃橱窗里搞一个超现实主义的实物阵列，作为艺术观念的某种例证。达利在那里布置了一个人体模型，头是用红玫瑰做成的，指甲是用鼬毛做成的；在一只桌子上，摆了一部龙虾形的电话；在一把椅子上放置着著名的刺激性欲的无尾常礼服，在常礼服上又摆了八十八只小玻璃酒杯，里面灌满了绿薄荷酒，杯中插着鸡尾酒的吸管。从这次行为中，人们看到了达利在艺术设计方面的才能，他可以很巧妙地把绘画中需要的联想和想象与物体本身的功能之间找到一种平衡，比如著名的“红唇沙发”，达利后来涉足工业设计领域，设计珠宝、香水瓶，等等，其区别于一般设计师的地方也正在于此。

这次在美国，达利还创作了一件著名的“行为艺术”作品——穿着潜水服发表演讲。有了这个想法之后，达利让人租借了件专业服装，出租人听说达利要潜水服，还以为他真的要

龙虾电话

Lobster Telephone

1936年

钢制品、石膏、橡胶、树脂

17.8厘米 ×33厘米 ×17.8厘米

伦敦泰特美术馆

这件艺术品是达利超现实主义的代表作，他常常将毫不相关的事物组合在一起，以解释无意识中的隐秘欲望。这里的龙虾和电话对达利来说具有强烈的性含义，代表了情欲的欢愉和痛苦。

去潜水，所以还很认真负责地打电话问达利先生打算潜到多深的地方，以便为他确定什么样的服装才安全。达利叫人回话，同样以严肃的态度回答道：“潜到无意识的深度，然后马上就上来。”

演讲前达利穿上潜水服，衣服和铅靴都很沉重，达利在两个朋友的帮助下才上了讲台，人们感到吃惊，先是一片静默，然后出现了疑惑和惊叹，但很快人们就反应了过来——这是达利的演讲，奇怪一点属于正常。达利坐在麦克风前，人们等待着，达利动了动嘴，说出最初的几个单词，但人们什么也听不见，潜水服头盔玻璃的密封和隔音的效果非常好。达利让身边的人帮他卸下头盔，但不巧的是，专业人员刚刚走开，无人知道怎么办。这时候达利似乎也着急了，还有了窒息的感觉，人们试图撕开服装，于是用一把锤子敲打起螺栓来，讲台上乱作一团。不过台下的人们还没有慌乱，他们以为眼前的事情不过是一场各个细节早已规定好了的表演，导演就是达利本人。所以，当达利终于面色惨白地露出头来呼吸新鲜空气的时候，台下突然爆发出热烈的掌声。

达利的这件“作品”，和他原先的设想并不一致，不过却形成了更加“达利式”的效果。达利一生当中的很多戏剧性的事件，何尝不是像这次演讲一样，交织着刻意为之和偶然性这两个方面的因素呢？

二

从美国回来，达利便一头扎进了利加特港的画室，经过了这么长一段时间的异国旅行，达利已经十分渴望回到自己的房间，支上画架拿起画笔了。

加达凯斯的达利可以在自己的房间里静静地画画，但是他没法独立在这个世界之外。当他从窗口眺望外面的世界，或是从画室中走出来和加拉散步的时候，他已经嗅到了整个西班牙那种不一样的气息了。

自从 1934 年 4 月西班牙推翻波旁王朝皇帝阿方索的统治，建立共和国家开始，其政治形势就一直没有明朗过，几乎每一天都会有一个政党产生，特别是受到德国和意大利法西斯政党支持的右翼，一直都梦想着建立独裁政府，臭名昭著的“长枪党”就是其中的代表。当然，另一股力量在西班牙的政治局势中也占有重要的地位，那就是受到马克思主义和国际共产主义运动影响的左翼政党。1936 年 1 月，左翼政党联合在一起建立了人民阵线，并且在 2 月的议会选举中获胜，组建了政府。

新政府开始实施人民阵线纲领，加速民主改革，这其中包括弱化天主教会的势力，实行政治大赦，恢复罢工中被解雇的工人的工作，承认加泰罗尼亚享有民族自治权利，解散一些反动组织，加速实行土地改革等一系列政策和措施。可想而知，这些行为在赢得人民支持的同时，也在国内外引起了一片“赤化”的叫嚣，西班牙那些反共和的右翼力量，尤其是手中握有武器的军人，加紧勾结国外反动力量，图谋叛乱。1936 年 3 月，充当叛军领导人的反动将军何塞奎往柏林求援，希特勒应允支持其发动武装政变，并将由德国供应军火装备。5 月，墨索里尼摆脱了阿比西尼亚战争之后，也利用西班牙局势以实现其地中海的战略设想。于是德意合伙给西班牙图谋叛乱分子提供物资和军事支援，内战一触即发。

达利明显感到了战争的威胁，但我们知道达利只是一个从个人喜好的角度看待政治的人，他既不相信马克思或者列宁的共产主义，也不相信希特勒或墨索里尼的国家社会主义，他看问题的角度是从个人出发的——他相信宗教信仰的力量，所以他对无神论没有什么好感；他相信所谓的“西班牙传统”，所以对各种形式的社会“革命”都持消极的态度；他按照“无政府主义者”的行为行事，所以认为内战或者战争只可能是对“个人”的戕害。不过，达利肯定了西班牙人民身上具有的那种优秀品质，在他看来，内战中的人民，在用一种无意识的方式表现出西班牙的精华——他们身上那种为了精神信仰而无畏“圣战”的精神，如同当年的十字军一样。

1936 年上半年，达利画了《内战的预感》，这幅画外在形态非常的丑陋：由一些断肢残臂所构成的，一只形如鸡爪，却又是异常有力量的手从地面上抬起，从乳房的部位紧紧抓住一个人的半截肢体，被抓住的人抬着头，脸上五官和肌肉扭曲虬结，表情异常痛苦，他那同样形如鸡爪的手用力地按住举着他的人的肢体，实际上，这两个人已经不能算是人，而只是几个断肢残臂。这两个人的断臂形成了窗口似的构图。地面上伸出手的人还有另一只手，则已软弱无力地耷拉在地上。地上还有一些断肢，随意地放在那里。这幅画的意蕴在达利的画中算是浅显的：一个人被撕成两半的肢体之间仍然在相互争斗着，就像一个国家分裂成敌对的两部分进行战争。达利不会去分析哪一个是正义的，哪一个是非正义的，他把整体上战争的残酷，战争对生命的撕裂与践踏，用一种让人震惊的效果表现得入木三分。

达利的预感是准确的，在达利画出《内战的预感》之后几个月，西班牙内战终于全面爆发了。1936 年 7 月 17 日，西班牙驻摩洛哥梅利里的军队在佛朗哥的率领下发动了叛乱。按原定计划，第二天，叛乱就蔓延到西班牙本土，佛朗哥率领的摩洛哥军团由南向北，另一个叛乱首领莫拉率领正统派和保皇党军队由北向南，对首都马德里形成夹击之势。另外，西班牙各城市驻军中的保皇党、长枪党党徒都蠢蠢欲动，准备随时接应。

叛军气焰嚣张，甚至宣称：几天之内就将攻下首都马德里。人民阵线也不甘示弱，他们组织政府军队，并把武器发给民众，号召人民行动起来保卫共和国。

内战一开始，共和政府占有巨大的优势，几十天之内，南北两股叛军非但没有攻占马德里，反而被赶到了很狭窄的区域。这时候，德意法西斯直接出面军事干涉，英美法三国也采取制裁西班牙共和政府的政策，虽然其间西班牙人民和西班牙左翼政党英勇奋战，涌现了著名的“共产主义第五团”，虽然在共产国际的号召和组织下，来自全世界五十四个国家约三万名优秀的反法西斯民主人士，不顾本国政府的阻挠和迫害，克服难以想象的困难，躲过了法国边防警察的搜捕，突破了海上封锁线，以不同的途径进入西班牙，组成了著名的“国际纵队”，但是到了 1939 年 9 月，西班牙内战还是以佛朗哥的胜利而告终。三年多的内战，使西班牙遭受了巨大的苦难，很多地方比如加泰罗尼亚地区在两种力量之间几度易手，人民身处的困境可想而知。

在内战期间，达利画了一些以战争为主题的作品，比如《西班牙》《女人的头有战争的形式》《伟大的偏执狂》等，最著名的一幅要算是《西班牙》了。画中有一个在夜晚肘倚衣柜站立着的妇人的形象，这个形象的脸和躯干是由许多身处大地上战斗着的勇士组成的，据说这幅作品受到了达·芬奇《勇士格斗》的启发，而无数个格斗的场面最后竟然组成了同一个仪态婀娜

内战的预感

Premonition of Civil War

1936年，布面油画

99厘米 ×100厘米

费城艺术博物馆

这幅作品是达利艺术生涯中最激进的一幅。它展现了创作同年爆发的西班牙内战所引发的恐惧。画中的形象由一条大腿和从肢干上生出的另一条腿组成，这两个肢体部分企图互相撕扯。

西班牙
Spain
1938年，布面油画
91厘米×60厘米
鹿特丹博伊曼斯·范伯宁恩美术馆

的女子的不同部分。毫无疑问，这个女性的形象隐喻了西班牙内战。毕加索对达利的这幅作品极为推崇。1939年2月，达利在加拉的帮助下，在他们当时居住的巴黎伊索瓦墓地大街的画室里举办了一个小型的画展，展出了达利在内战之中创作的作品，毕加索那天第一个到来而最后一个离开，他在《西班牙》前站得最久。

一个国家的内战，对于这个国家的艺术家——哪怕是最不关心政治的艺术家来说，都会成为其不可回避的创作主题。毕加索在德军轰炸了西班牙小城格尔尼卡之后，画了著名的《格尔尼卡》；作为和达利一样的加泰罗尼亚人，米罗在西班牙内战期间的作品一改轻松戏谑的风格，出现了激愤恣肆的调子，这一时期甚至被人称为他的“野蛮”时期，诸如《收获的人》一类的作品，形式非常有生气，庞然大物般的昆虫同人类很相像，色彩也变得粗野和热烈。

在这个双重形象中，达利将西班牙塑造成了一个被战争撕裂的寓言形象。女子的头发、面部和乳房由战斗的骑兵组成，灵感来自达·芬奇的手稿。女子的优雅姿态来源于19世纪的法国油画。

与达利相比，毕加索似乎更自觉地

站在“进步力量”一方，《和平鸽》成了所谓的“西班牙灵魂”和“人类精神”的代表。米罗虽然对政治比达利更不感兴趣，但在平时的行为和言论上毕竟没有过对希特勒或佛朗哥表示好感的迹象，所以一旦关注战争主题，也会自然而然地被人们当作是艺术良知的显现。而达利，即便是《内战的预感》和《西班牙》这样的作品，也只是在表达对战争本身的憎恶，而对战争的双方似乎采取的是各打五十大板的暧昧态度。在这个问题上，达利没有毕加索那样明确而有说服力的“是非感”，也没有米罗那种孩子般的淳朴。

有一件事情，达利让人不知道说什么好：我们还记得加西亚·洛尔卡吗？他是西班牙著名诗人，是达利和布努埃尔青年时代的好友，后来在合作《一条安达鲁狗》后两人疏远了，不过 1934 年他与布努埃尔重归于好，和达利却一直就那样疏远了下去。1937 年洛尔卡在格拉纳达死于法西斯的绞刑架，这件事被人们当作控诉法西斯罪行的一个例子。但是，达利对此事发表的言论却让人们很难忍受。他说，众所周知，全世界再也找不到比洛尔卡更不过问政治的人，他不是为了捍卫政治思想而死，他是西班牙内战这场大疯狂发作的牺牲品，由于洛尔卡的独特个性，他每时每刻都会因为他招惹的个人恩怨而身处险境，因而他遇难的机会比其他的西班牙人多。根据布努埃尔在他的回忆录《我的最后一口气》中的解释，达利所说的“个人恩怨”，是指洛尔卡从马德里逃到格拉纳达与一个叫罗萨尔斯的诗人同住，这个诗人是长枪党党员，但洛尔卡恰恰是从这个人家里被长枪党抓走的。达利暗示两人有同性恋关系，是因为感情的纠葛，洛尔卡才被对方利用长枪党报了情仇。我们首先得承认，达利对洛尔卡这个人的判断也许有他的道理，因为洛尔卡确实也不能算是反法西斯英雄，但把他的死和同性恋联系起来，就有点不地道了。因为很明显，布努埃尔知道洛尔卡和那个人是世交，因为对方的政治身份，洛尔卡觉得和他在一起可能比较安全，才会去投奔他的。更何况，在战争的环境下，在自己以前的好友死去之时，达利在没有任何确凿证据的情况下，为什么非要从降低死者价值的角度（虽然达利主观上也许并不认为这是降低了死者价值，但在客观上却达到了这样的效果。）去看问题呢？

我们今天回过头去评论达利和西班牙内战之间的关系，无论如何也无法把他和“进步人士”联系在一起，当然，从他的作品中我们还是能看到某种超越了政治态度的艺术良知，这一点使得达利和一个真正的“反动派”本质地区别开来。

三

在整个西班牙内战期间，达利一方面在绘画中关注或者说不得不关注战争，另一方面，他却在生活中极力规避战争对他的影响，所以他在游移——不仅在不同的地方游移，还在不同的艺术形式之间游移。

1936 年西班牙内战一爆发，达利和加拉就离开西班牙利加特港，去了巴黎。巴黎没有战争，但巴黎的艺术圈子里有关于战争的争论，不断有朋友因为政治态度的分歧而分道扬镳。达利决定离开巴黎，去更安静的地方，于是他在 1937 年第一次去了意大利，他要去研究文艺复兴和巴洛克艺术风格，并希望从中找到跨过黑暗的现实，通往未来之路的启示。达利先去了罗马，但却对现代罗马表现出的那种平庸的资产阶级气质深感气愤，他觉得这个城市恺撒时期的辉煌一去不复返了，新城市的各种都市化的需求毁掉了罗马的那些不可思议的神话。从罗马走向梵蒂冈的道路现在被改造成了一条长长的林荫大道，过去要经过一些迷宫般的小路，人们才能在面对梵蒂冈的雄伟规模的时候，心灵一下子受到震撼，而现在这种情况不见了。这就像是一个关于信仰的隐喻——走向信仰的心灵之路不再需要曲折，信仰就像旅游一样来也匆匆去也匆匆，平淡而不再激起心灵的波动。

达利和加拉在罗马度过了漫长的一季，其间他们没有什么频繁的社交活动，他先是受邀到他的艺术赞助人爱德华·詹姆斯爵士的家去了几次，并通过他的介绍结识了当时的好莱坞当红女星葛莉泰·嘉宝。随后，达利移居到古罗马广场的贝纳斯爵士家中，在这度过了两个月，接下来又去了西西里岛，在那里画了《非洲印象》。再后来他们返回西班牙的加达凯斯，结束了第一次意大利之行。内战期间，达利去了三次意大利，几乎跑遍了文艺复兴时期的重要城市，尽可能多地看到了那些雕塑和绘画的原作，这对一直就有着“古典主义”情结的达利来说，是愉快的事情。

1938 年达利先是参加巴黎美术学院画廊举办的展览，然后又去了伦敦，在那里他第一次和西格蒙德·弗洛伊德见了面。那时候，因为德国侵占了奥地利并疯狂地迫害犹太人，身为犹太人的弗洛伊德被迫流亡到英国，居住在伦敦，这已经是他生命中的最后一段时日，1939 年 9 月 21 日，弗洛伊德客死伦敦。

达利拜访弗洛伊德那天，在场的还有一个第三者，那就是奥地利著名的作家斯蒂芬·茨威格。达利对弗洛伊德非常了解，但弗洛伊德对达利却几乎一无所知。达利极力想给这位被他称为“享有宇宙声誉”的思想家留下深刻的印象，所以他给对方看了自己在一年多以前画的一幅作品《那喀索斯的变形》。那喀索斯是古希腊神话中在水边顾影自怜的美少年，后来为了追随自己水中的倒影而跌入水中死去，并在死后变成了水仙。达利向弗洛伊德解释自己的画，说他想表现的就是从死亡变成水仙的过程，用的是对方关于儿童早期性心理方面的理论，还把自己为了说明这幅画所写的一首诗念给他听。达利的主观意图如此明显，这使得弗洛伊德说出了这样的话：“你的艺术中有什么东西使我感兴趣呢？不是无意识而是有意识。”

在快要告别时，达利把一本发表了自己论述偏执狂的文章的杂志硬塞给对方，还请他有空的时候一定要看一下。弗洛伊德当然不会注意这篇文章，达利进一步解释说这篇文章绝对不是胡言乱语或是想当然，而是严谨的科学研究，他甚至还把杂志翻到了有他文章的那一页捧到弗洛伊德面前，对方依然只看着达利而不看文章。最后也许是被达利的行为惹烦了，弗洛伊德回过头去对茨威格说：“这真是个西班牙人的典范——一个彻头彻尾的狂人！”

达利在第三次去意大利的时候遇到了在巴黎认识的朋友可可·香奈尔，这位女性后来成为整个20世纪最有影响力的时装设计师之一，她的名字成了时尚的代名词。达利和她一直保持着某种良好的友谊，他后来涉足香水和珠宝设计，与可可·香奈尔有着密切的关系。达利很欣赏香奈尔，他说，可可·香奈尔仿佛是一只头微微垂下的白天鹅，在即将淹没一切的历史洪流中前进，法兰西“种族”中最美好的东西都体现在她身上。

达利和香奈尔之间，甚至有着某种心灵感应。达利和加拉在佛罗伦萨的时候，可可·香奈尔正在西西里游历。一天晚上，达利似乎从喜欢用塔罗牌算命的加拉那里获得了什么预言能力，突然感到香奈尔患了斑疹伤寒。达利立刻给她写了一封信询问，第二天他收到一份电报，说香奈尔在威尼斯果然病得很厉害。

后来的政治形势让达利和加拉觉得意大利也失去了安全感，所以他们离开了意大利，去了位于摩纳哥王国首都蒙特卡罗附近的罗克布鲁纳的拉波萨，住到了可可·香奈尔的家里，一待就是四个月。在这期间，达利写了自传《萨尔瓦多·达利的秘密生活》的大纲，为了准备接下去在纽约的展览，达利还画了一幅《希特勒之谜》。这是一幅很难阐释的画，达利自己也说不清楚它的意义，可以肯定的是它来自那些梦的变形。达利觉得这幅作品是有预言价值的，它清楚地宣告了欧洲将经历类似中世纪的黑暗时期。这段时间，达利的绘画中还出现了一种明显的形而上色彩，那可能是他在奔波之后的短暂平静中，对一些超越了具体现实的哲学命题进行思考的结果，这其中的代表作品有《无穷之谜》《被月亮和夕阳的光照亮的哲学家》

无穷之谜

The Endless Enigma

1938年，布面油画

114厘米 ×148厘米

马德里索菲娅王后国家艺术中心博物馆

这幅画中的物体有相互的连续性：一个倾斜的哲学家、一只躺倒的灰狗、一个巨大的石像面部、曼陀林、无花果、一条帆船和女子的脸。画面的右部边缘还露出了加拉的半张脸。

《帕拉迪奥的塔利亚之门》等。

当时可可·香奈尔正在为著名的蒙地卡罗芭蕾舞团的《罗密欧与朱丽叶》做服装设计，在她的推荐之下，达利开始为摩纳哥蒙地卡罗芭蕾舞团进行美术设计。要知道摩纳哥蒙地卡罗芭蕾舞团可是有着摩纳哥皇室背景的舞团，聚集了欧洲最好的编导和演员，毕加索也与他们合作过，其芭蕾舞的艺术水准之高可想而知。达利从这个时候开始，又对芭蕾舞产生了浓厚的兴趣，第二年他就参与创作了一部芭蕾舞剧《酒神节》，在纽约大都会歌剧院上演。后来对这一领域，他也时有涉及。

1939 年达利第三次来到美国，继续在纽约的列维画廊举办展览，继续为邦威特 - 泰尔布置橱窗。不过当达利来到著名的第五大街的时候，他发现自己已经被拙劣地模仿了，所有的商品陈列都在表明，人们全都在试图变成达利。达利觉得这次的任务不是别的，而是告诉人们什么是“真达利”，什么是“假达利”，所以他又一次在有意和无意之中“创作”了一件“行为艺术”作品。

事情是这样的：达利按照自己的意愿布置了橱窗，但是很快他就发现自己的作品被篡改了，而他没有得到任何通知。他很气愤，找到了邦威特 - 泰尔商店的经理理论，要求要么把橱窗改回原来的样子，要么就从橱窗中撤下自己的签名。但他的要求没有得到理会，气急败坏的达利索性自己跳上橱窗搬动里面的物体，结果他在移动一只装着水的浴缸的时候，有意无意地用浴缸打破了橱窗的整面玻璃，水都流到大街上去了，并引来了很多行人的驻足围观。为此，达利还被警察局带走了。“打破邦威特－泰尔商店橱窗”与“穿着潜水服演讲”是达利留给美国的最著名的“行为艺术”作品。

在美国期间，达利与纽约的万国博览会签订了一份商业合约，答应创作一幅名为《维纳斯之梦》的装置作品。达利有一个疯狂的想法：在波提切利的维纳斯身上加上鱼头。不过他的计划超出了主办者的忍受限度，这一作品并没有诞生，达利虽然放过了绘画中的维纳斯，但他并没有“放过”维纳斯雕像，他后来创作了一件雕塑作品《长颈鹿维纳斯》，就是由《米洛的维纳斯》雕像变形而来。更有意思的是，我们在比利时超现实主义画家马格利特一幅叫《美人鱼》的绘画作品中，看到达利的想法实现了之后的类似效果，所不同的是，马格利特反用了安徒生《海的女儿》中美人鱼的形象：那是一个妖娆的女性下半身裸体加上鱼头，而不再是一个纯洁的女孩加上鱼尾。达利曾经对创造了这一经典的“反美人鱼”形象的马格利特表达过他的敬意，他们的想法也许是一致的：精神和肉体的倒置，信仰和欲望的倾覆。

西班牙内战结束的时候，达利和加拉回到了欧洲，但是他们似乎又一次预感到西班牙暂时的和平只是另一场更具有灾难性的战争前的平静而已。果然，在巴黎的平静日子待不到多久，德国人的坦克就快开进巴黎了。1940 年 8 月，在德军攻陷巴

长颈鹿维纳斯
Giraffe Venus
1973年，铜
高232.8厘米
私人收藏

黎之前，达利和加拉决定一起离开法国，经由西班牙和葡萄牙去美国。他们来向可可·香奈尔辞行，并再次劝说她也跟他们一起走。香奈尔再一次谈起她深情爱恋的法国，她说哪怕在最悲惨的情况下，她也决不离开这个国家。达利知道香奈尔的独特个性决定了她是不会走的，虽然她的独特性跟达利的不同——达利是在炫耀自己的思想；而她虽然不隐藏她的思想，却从不炫耀它，她只是打扮它。达利觉得与她的思想和灵魂比起来，她所从事的高级时装业永远只是一种外在的东西，她的身体和灵魂才是大地上最好的服饰。

这件雕塑是达利的长颈鹿和拐杖这两个主要视觉主题的延续。艺术家将这两个事物与维纳斯结合在一起，创造出一个奇特而强大、优雅而美丽的超现实的形象。

四

大约是深夜两点钟，带着饥饿与疲惫，达利回到内战后的菲格雷斯。他心中忐忑不安，不知父亲多年的积怨是否会让那扇加泰罗尼亚风格的铁门锈蚀。铁门上的小窗打开了，露出父亲沉郁的脸庞。虽然内心充满了思念，可在那一刹那，达利还是觉得父亲的行为很可笑。难道他不能直接打开大门，哪怕是再次将儿子赶走？难道他保持公证人身份的空隙中，就一刻也不愿把自己看作是一个不那么循规蹈矩的艺术家的父亲？铁门在铰链上转动，发出骨裂一般的声响。达利注视着父亲，父亲的身躯落在阴影里，只有院子里路灯的光反射在他的脸上，使他看上去还像多年前的那张肖像画上一样严肃（《艺术家父亲的肖像》），只是更苍老了一些。达利步履缓慢地走进铁门，拥抱了年迈的父亲，用在《欲望之谜，母亲、母亲、母亲》里一样的姿势，他感到那双臂膀是有力的，不动声色却充满了温情。达利走过被炸塌一半的阳台，来到熟悉的客厅，安娜从房间里跑出来，紧紧地抱住了达利，眼中噙满泪水。她已不是少女了，可在达利的眼中，她还像《站在窗前的少女》那么美丽、清新。达利知道，在不久之前，安娜曾在长枪党的刑讯室里遭受了讯问和拷打，大病了一场；而家中也因为自己那种暧昧的政治态度，多次受到无政府主义者的冲击。是的，那张旧书桌已经不在了，厨房的天花板和墙壁上满是熏黑的污迹，而父亲的眼中充满了疲倦，安娜的背上可能还留有笞痕，这些就是内战留下的东西？达利有一些哽咽。

家人弄来饭食时，达利已不像刚才那样饥饿了。父亲一直没有说话，这反倒使达利觉得有一些内疚，不过他已不打算与父亲谈及当年事情的原委，时钟会变得如盘中的奶油一般柔软，谜一样的事件为什么非要从记忆中挖出来，被一个确定的原因凝固呢？

达利在少年时代的床上躺下，很快便有了睡意。达利记得床头边的墙上原来有一块用画遮住的油污，小时候他常常揭起画去欣赏油污，他觉得每一次都可以看出不同的形状，怒吼的老妪、水塘边倒倾的树、乌云里的小鸟……每次他都会把藏匿在那里的蜘蛛吓跑。突然之间，达利有了一种莫名的恶意的冲动，他揭开画想发现什么，油污不见了，可是蜘蛛……蜘蛛依然像当年一样，迈着碎步，惊恐地逃开。

达利一觉睡到第二天中午时分才慢慢醒来，他躺在床上，看见阳光透过已经泛白的米黄色窗帘，射在床的另一头。多年以来，或许是从还未上寄宿学校的少年时代开始，达利就过起了昼夜颠倒的生活。他时常在父母都睡去之后醒来，对着房间里几乎是随便一样什么东西发呆，这在别人是无法理解的，而达利却幻想着，一些古怪的形象和念头就会慢慢地在脑海中浮现出来，弄得他整夜兴奋异常而又焦躁不安。在第二天，他又会恶作剧式地谎称生病，接着享受亲人焦虑的表情和做白日梦的双重幸福。不过，达利也怀疑过自己是否真的有病。有一个白日，他在酣睡时，突然觉得背上叮着一只臭虫，它牢牢地叮在那里，使劲地往皮肤里钻，怎么赶都赶不走。达利在极短的时间里愤怒到了极点，他拿起水果刀，对着镜子，用力地去剜割。感到疼痛的时候他才清醒过来，原来那并非什么臭虫，只是在自己身体上的一颗痣而已，而此时，背部流下的血已沾红了床单。

达利想起多年前的这次历险，感到一丝快意。不过他已记不清自己当时是醒着还是在梦中，或许那只是幻象，并没有真正的发生过。他再一次搜索了一遍记忆，父母、妹妹还有老仆露西娅似乎从未在他长大后提过此事。最后，他想到了加拉：加拉有一次对他说，在醒来听到蜜蜂的嗡嗡声时她感到了刺痛，那一次达利觉得这很有意思，在很短的时间内他就画出了《醒前一只蜜蜂飞自石榴而产生的梦》，现在想起来达利觉得躺在梦中被枪尖刺中左臂内侧的裸体不仅仅是加拉，还有自己。达利在床上享受了片刻这一发现带来的快感，不过他并没有太多的兴奋，毕竟，生活中此类发现对他来说太多了。而更让他高兴的倒是，这样一个发现将他与加拉又一次融为了一体。

加拉在干什么呢？巴黎一别，已有好几天了，达利不禁有些伤感。什么革命，什么内战，什么反法西斯，这些本来与他毫不相干的事就这么粗暴地闯入了他的生活，既然它们已经发生了，那么最好的方法就是学会接受，可是这个世界非要你表明态度，好像你对非此即彼的事只字不提就罪大恶极似的。要说他就会说法西斯就是希特勒坐在水洼里打毛线，露出上半身，武装带像女人的乳罩带一样可笑而迷人；革命就是巨人列宁一把握住他的腰，往嘴里送；内战就像是一个人疯狂地撕开自己，玩性虐待游戏一样充满痛苦的快意；《战争的面貌》就是一个人的头像，这个头像是一个具有生命的骷髅化石，他的眼睛和嘴巴由一些更小的骷髅组成。当然，战争让达利没法安静地生活，让他和加拉到处奔波而且不断别离，这让他对战争充满了本能上的厌恶。

父亲还是显得有些闷闷不乐，午饭时他吃得很慢也很少。安娜有一些兴奋，不停地为家人递上西红柿沙拉、烤香肠或是鲟鱼。父亲总是微微地摇摇头，看着食物从眼前移来移去，而达利却吃得很多，战争让他变得异常饥饿。

饭后的聊天时间，主要是父亲在说话，达利偶尔插上几句，而安娜坐在一边，深褐色的头发垂在苍白的脸庞边，安静而温顺。从谈话中达利知道，父亲已辞去了公职，坐在书房那张红木椅上阅读几乎成了他每天的工作。达利昨夜未来得及说明回

醒前一只蜜蜂飞自石榴而产生的梦
Dream Caused by the Flight of a Bee around a Pomegranate a Second Before Awakening
1944年，布面油画，51厘米×40.5厘米
马德里提森－博内米萨博物馆

达利在此用被他称为“手绘梦幻照片”的方式，描绘了平静的水域、漂浮在海面上方的一块平坦岩石和其他梦境的片段。女子身旁悬浮的水滴和石榴是生殖与复活的基督的象征。

家来的确切原因，现在他已不准备说了。后来父亲突然谈起委拉斯开兹的画，他说在这样一个时代，他比拉斐尔或弗米尔更值得尊敬，而原因不仅仅在于他来自西班牙又远离了西班牙，更在于他比他们更接近真实。达利没有想到父亲会将自己最喜爱的三个画家就这么当着他的面拿出来进行比较；他记得自己从来没有向父亲表述过对这三个人的偏爱。突然之间，他感到这么多年来其实父亲并没有真的离开过他。

老仆露西娅走进客厅，为他们端上咖啡，因为衰老和长久以来眼睛半瞎了的缘故，她的步履显得那么缓慢。安娜站起来接过咖啡盘，她们相互露出善意的微笑。达利也站了起来，露西娅摆了摆手，让他坐下，就转过身踱着步子，逆着窗外的光线走开了。看着她蹒跚的背影，达利想起第一幅让自己满意的画就是《露西娅肖像》，他记得画完这幅画后他还高兴地拿给露西娅看，她笑着说：“画得真好，可惜我看不清了。”那段时

间，达利被扁桃腺炎困扰着，而露西娅就像他小时候给她讲故事那样，一直陪在他身旁。

接近傍晚时分，达利收到了加拉从里斯本拍来的电报，电文上说，她已办妥去美国的一切手续，她对欧洲已无甚留恋，只是想早一点见到他。

达利没有想到事情会进行得如此顺利，他回到家还不到一天就又要离开了。达利看完电报后有了片刻的犹豫，这在以前是难以想象的，他意识到了这不该属于他的犹豫的出现意味着什么，甚至感到了一丝恐惧。

晚饭前，他平静地把回家的原因和第二天动身远去的打算告诉了家人。安娜几乎立刻就流下了眼泪，随着抽泣声越来越大，她转过身跑进了房间，她的背影比年少时更让达利心碎。达利看着父亲，他的面庞有一些模糊。父亲说："别管她了。"接着就还是那样缓慢地嚼着食物，好长时间之后，才咽了下去。"好吧，晚上叫安娜帮你收拾一下行李，早点休息。"说着父亲走进书房，半掩上了门。达利想进去再说些什么，发现父亲已半躺在那张摇椅上，在幽暗的灯光下打开了一本书。

在收拾东西的时候，安娜眼中几乎一直含着泪花，达利不知该如何去安慰她。她默默地做完了这一切之后，背过身，说要时常给家里来信，不然父亲和她都会挂念的。然后她说了声晚安，就准备走出房门。"安娜，"达利叫住了她，他本想多说点什么，停了片刻，最后只是轻轻地说了一声"晚安"。

达利难以安眠，他先是计划了一下行程：他要先顺路去卡德隆兹，看看里季亚，再到马德里逗留两天，然后去里斯本与加拉会合，从那里去美国。他难以想象第二天清晨与父亲、安娜和露西娅离别时的情景。他又想起下午与父亲的谈话，“来自西班牙而又远离西班牙”，达利开始赞叹父亲巫师一般神奇的预言能力，“在这样一个时代，更接近了真实”。

大约是凌晨两点钟，达利躺在少年时代睡过的床上，重读了一遍加拉的电报。将要失去家人，失去西班牙，失去欧洲了，达利想，却不会失去加拉，如果一个人一生中只有一件不会失去的东西，那么加拉就是西班牙，是欧洲。不错，世界上最重要的是加拉·萨尔瓦多·达利，其次是达利，然后才是别的什么东西。

第 七 章

1940—1948

艺术家的美国梦

我和疯子最大的不同就是，

我没有疯。

题　记

第二次世界大战在欧洲的全面爆发，从某种程度上成就了美国和纽约成为新的世界艺术中心的可能。战争造成了许多重要的欧洲艺术家流离失所，大家都漂洋过海远赴美国避难，这其中有一些重量级的人物，如恩斯特、马松、蒙德里安、杜尚，当然还有达利。他们给所谓的“美国精神”输入了新的元素，即便像毕加索和马蒂斯这样的人并没有亲身来到美国，但他们的艺术却在这里发挥了很大的影响。这些艺术家在新的环境中寻找到了新的梦想，就像第一代欧洲移民怀揣着“美国梦”到来时所做的那样；同时他们又一同为世人编制了一个新的“艺术美国梦”，使得美国似乎一下子从世俗之地变成了艺术的天堂。达利在美国度过了八年时光，在这段时间里，达利从他的“美国梦”中得到了很多。

一

当达利和加拉乘坐的埃斯卡姆宾号轮船驶进纽约港的时候，达利第三次从轮船上看到了自由岛上的那尊自由女神像。女神像的钢铁骨架由设计巴黎铁塔的古斯塔夫·埃菲尔设计，雕像由法国雕刻家奥古斯特·巴托尔迪设计，并在巴黎完成，1886 年法国政府将这一标志自由的纪念像，作为庆祝美国独立 100 周年的礼物赠给美国。自此她手持火炬，矗立在纽约港入口处，日夜守望着这座大都会，迎来了自 19 世纪末以来到美国定居的千百万移民。达利这一次注视着它和前两次有着不同的感受，他首先想到的是加拉和自己此行的独特意味——他们会是最新的一批欧洲移民吗？然后他想到了法国和欧洲，两个出自同一个设计师，同一个国家建造的建筑，此时此刻却俯视着它们脚下完全不同的两个世界——这是怎样一个“人格分裂”的世界！

达利首先在纽约逗留了几天，见了一些老朋友和老主顾，列维画廊还为达利专门搞了一次社交晚餐会，这让达利产生了一种错觉，似乎这只是像前两次为了画展来纽约那样，画展一完他就可以随时返回欧洲了。那几天里，达利和加拉外出的时候，一起乘坐了一次纽约地铁，这让他不由想起1928年在巴黎第一次乘坐地铁的情景。那时初到巴黎的达利在地铁里旅行，感觉自己在地上地下自由穿行的状态很有诗意，有了地铁，人们可以在最意外的时刻突然从地下冒出来。“我到了，我上去了，我出来了。”地铁把达利留在地面上，疯狂地呼啸而去。达利在内心默念着：“我来了，我看见了，我征服了……”他觉得自己就像恺撒大帝一样充满了豪情。而现在，达利的心境已经完全不同了：他已经征服了欧洲，却没法在自己征服的土地上待下去；他会继续征服美国，对这一点他丝毫也不怀疑，只是为什么他的内心好像已经没有了初到巴黎时的那种激动了呢？达利在地铁里思考和回忆着，速度、隐秘、疯狂、色情这些主题他都可以想到，但他似乎对这些已经没有什么兴趣了。突然之间他想起了一个叫艾兹拉·庞德的美国诗人的作品《地铁车站》——“这些面庞在人群中闪现／黑色枝条上湿漉漉的花瓣。”这首诗只有这两句，是庞德20世纪20年代在巴黎乘坐地铁之后写出的。20世纪初，美国的诗人和艺术家纷纷前往巴黎，而现在不仅像杜尚、曼·雷这样的美国人回来了，自己这样的欧洲艺术家也来了。而且，达利在美国地铁里竟然想到了当年美国艺术家在巴黎地铁里想到的东西，世界变幻的方式有时候真的就像是超现实主义者在艺术中宣扬的那样非理性，那样疯狂。

达利在到达美国之后最初的一段时间里，主要是住在凯利丝·柯罗斯比在弗吉尼亚州的汉普顿庄园里，这名美国贵夫人正是当年促成达利第一次访问美国的人，到20世纪40年代她已经成了达利重要的艺术赞助人和很好的朋友了。弗吉尼亚在美国的东海岸，离纽约有一段距离但又不是很远，它和纽约对此时的达利来说，就像当年加达凯斯和巴黎一样，达利在纽约或其他的什么地方忙着工作和签合同，但他会时常回到这里，在一种安静的环境中绘画或者写作。正是在这个地方，达利和加拉举行了一个非宗教仪式上的婚礼，这继“加拉·萨尔瓦多·达利”的诞生标志着两个人在情感上成为一体之后，又一次在社会伦理层面上重申了这一事实。从本质上讲，活动频繁、精力旺盛的达利其实一直都需要一个类似利加特港或者汉普顿庄园这样的地方来调节他的状态。达利可以在旅途的酒店里，把画布放在椅子上绘画，事实上他很多作品就是这样完成的，但他不能一直如此，他需要一个属于自己的画室，不然达利就只会是一个工作狂，而不是一个疯狂的画家了。40年代中后期，当达利在美国的事业已经很稳定，不再需要通过到处奔波积累财富和名声的时候，他就把家安在了更为安静的加利福尼亚佩勃勒海滨，把地中海海岸的生活经由大西洋海岸搬到了太平洋海岸，并在那里一直待到1948年才返回欧洲。

1941年11月9日，经过大半年的准备，由纽约现代美术馆举办的第一届达利绘画回顾展开幕了，詹姆斯·斯朗·索比作为策展人，精心挑选和收集了达利的四十三幅绘画、十七幅素描集中展示。前两次达利在列维画展被买走的那些作品成了展品的主体，那些买主和艺术品持有人非常配合，在他们看来，达利到美国来了，这绝对是一件让人兴奋的事情，他们有责任为此做点什么。不过，这些人并没有想到，以这次回顾展为契机，在很短的时间里，达利竟然让美国文艺界乃至整个美国都兴奋起来。

这次在纽约的回顾展极为轰动。不仅报社、电视台、杂志、摄影书刊的记者们慕名而来，参观展览的一般观众也是人潮汹涌。达利的回顾展在艺术圈子里被看作是美国新艺术时代到来的重要先兆，而经过媒体的宣传，一般的民众也把达利和他的艺术当作了猎奇的对象。之后，从 1942 年 2 月到 1943 年 5 月，这样的展览被原原本本地在美国最大的八个城市复制了八遍，其受关注的程度和纽约的不相上下。达利的名声在美国牢不可破地树立了起来，这在达利自己的意料之中。美国是一个商业和媒体极为发达的社会，这里的人们生气勃勃，乐于接受新鲜的事物，既然这里有这么多人知道和关注着达利，那么达利身上巨大的商业价值就是不言而喻的，进而，各种各样的商业建议多了起来。在加拉的打理之下，达利兴致勃勃地登上了美国通俗文化的舞台，众多的契约和合同等着达利去完成，大把大把的钞票等着流向达利的腰包。

达利没有理由拒绝，尽管他拒绝过一些诸如一位美国商人和他合作开一家“达利快餐店”之类太过直露的商业计划，但必须承认，从巧克力到香水，从书籍插图到珠宝首饰，他确实接受了太多的合同。因此，当时在美国的布勒东做了一个拆字游戏讽刺达利的“唯利是图”，他把达利的英文名字“SALVADOR DALI”中的所有字母重新排列，变成了“ADIDA DOLLARS”——这几乎成了达利的别名，意思是“渴望美元”。不过，向来我行我素的达利对此不仅不在意，而且津津乐道，他甚至公开宣称布勒东给他的雅号“恰如其分”。当时在美国为好莱坞工作的布努埃尔，也出面批评达利，认为达利成了契约的奴隶，成了加拉的欲望和他那正在消失的天才的牺牲品。

客观地说，达利的一些“艺术创作”似乎真的背离了艺术精神。比如说，1943 年达利为了和美国上流阶层建立一种密切的联系，为克诺德勒画廊绘制了多幅美国富人肖像，用的是一种主流的、“非达利”的绘画风格；他还为一些富人的住宅设计壁画，大多是那种装饰性强而没有什么内涵的作品，其中最著名的就是为格雷丽公主住宅所画的版面油画，以及为海伦娜·鲁宾斯坦的寓所绘制的三幅壁画；他用装置重新构建了那幅著名的作品《可以被当作公寓的梅·韦斯特的脸》，把它作为上流社会社交的场所；他开始为畅销书籍绘制插图，包括我们熟知的《爱丽丝梦游仙境》《蒙田散文集》《麦克白》《如果你像它》等。当然达利后来返回欧洲以后绘制的一些书籍插图是相当有艺术水准的，特别以他为《神曲》画的一百零二幅插图为最，他还因为替《堂·吉诃德》所绘的插图而被授予法国优等奖章。这些不能完全看作是商业行为——我们只是说，这个时期，达利画了太多的插图，商业利益是支配他这么做的主要原因；他还像一个“专栏作家”那样定期与一些时尚杂志合作，比如《时尚》《城市与乡村》等，为它们做一些平面设计和策划。这些还算好的，毕竟达利会比较认真地去完成，我们发现，有些时候达利自己似乎也知道“创作”只是为了金钱，所以并不会用一种认真的态度去做，所以在美国的时候，他还陆陆续续好几次陷入侵权和赝品的麻烦之中。

但从另一方面说，即便对这一时期的达利，我们也应该表达我们有保留的敬意。商业目的极大地拓展了达利的创作领域，这客观上给了达利发挥自己多方面潜能的机会；而达利的天才正在于他一旦涉足那些新的领域，竟然也可以在极短的时间里达到相当的水准，这些从整体上也是构成达利绚烂的“美国梦”的重要组成部分。他设计的珠宝因为具有了某种把人引入梦境的意象，从而显示出奇幻的特质，比如著名的“皇家之心”“时间之眼”；达利还分别配制了几种男用、女用香水并设计了人体和唇形香水瓶，其中的一些诸如“荡漾”和“我自芳菲”系列至今还十分流行，那些时尚男女们还把拥有一瓶达利香水看作是一件很愉快的事情。

可以被当作公寓的梅·韦斯特的脸
Face of Mae West Which May Be Used as an Apartment
1935年，28.3厘米 ×17.8厘米
水粉和石墨，芝加哥艺术学院

更何况，达利并没有真的像布努埃尔所说的那样逐步在商业活动中丧失他的天才，在一些所谓的“纯艺术”领域里，他还是在做着创新和尝试。在绘画和写作上，达利并没有停滞不前，相反，相比那些完全的商业创作，这方面的成就才是构成达利“美国梦”的主体。

梅·韦斯特是美国众所周知的性感偶像，但她的演艺生涯遭遇诸多争议，特别是审查制度。但她在遵循制度的同时，也从传统习俗中脱颖而出，为大萧条时期的观众带来了欢乐。

二

达利几乎是在刚到美国的时候，就宣称要完全扬弃“超现实主义”，把自己的绘画转向古典风格。也许达利经过战争和逃亡，在心理上想要寻找到一种能够更坚硬更持久的东西作为支撑，也可能是他画了那么多年超现实主义风格的作品，他想通过一种“以退为进”的方式寻求艺术上新的突破。当然，他没有完全实现这一点，美国人对达利超现实主义作品的印象太过于深刻，他们有着这样的“阅读期待”。这使得在美国最初的几年里，达利的绘画处在一种超现实主义和古典风格交织的状态。只有到了1945年之后，“古典风格”才在达利的作品中真的显现出来，但因为受到广岛原子弹爆炸的影响，达利的艺术整体上又进入了所谓的“原子时期”，他的一些作品，诸如《原子忧郁症》《比基尼的三个斯芬克斯》中甚至还出现了原子弹蘑菇云的形象。

沿着这个思路，我们大致可以把达利在美国的绘画作品分成这样四类：一类是在题材和思想上关注“美国”现实和特征的作品，比如《美国诗歌》《观察新人类出生的地政学孩子》；一类是保持了超现实主义风格的作品，比如《醒前一只蜜蜂飞自石榴而产生的梦》《圣安东的诱惑》；一类是所谓古典风格的作品，比如《加拉丽娜》；还有一类是诸如《原子丽达》之类的“原子或核子”主题的作品。

《美国诗歌》开始画于1943年，是一幅未完成的作品。达利在这幅画中把美国地图、美式橄榄球头盔、瓶装可口可乐等美国符号通过两个雕塑一般的人体集合在了一起，在这两个人体边上有一个手持通天长杆的裸体少年，他坐在地上若有所思，象征着年轻的美国和美国精神。在艺术作品中出现可口可乐瓶，这可能还是第一次，这代表了美国独特的物质文化和大众文化。十几年后，“可乐瓶”成了美国著名的后现代波普艺术家安迪·沃霍尔手中的法宝，他把那些取自大众传媒的图像，如坎贝尔汤罐、可口可乐瓶子、美元钞票、蒙娜丽莎像以及玛丽莲·梦露头像等，作为基本元素，用它们进行机械复制和排列，显示了后现代状况中大众文化反艺术的特征，而这一艺术取径在达利的《美国诗歌》中已经存在了。《观察新人类出生的地政学孩子》更加表现出了达利对美国的关注以及对美国的好感。所谓“地政学”，就是地理政治学，是宣称一个国家的政治形态受其地理环境支配的学说。一般说来，这种学说因其机械呆板而显得荒谬——地理至多只是一个国家政治形态的影响因素之一，怎么可能是支配力量呢？但是达利却一度迷信其中的某种

观察新人类出生的地政学孩子

Geopolitical Child Watching the Birth of the New Man

1943年，布面油画

32厘米×46厘米，私人收藏

在这幅画中，从蛋中出生的美国用手牢牢抓住了英国。这里的信息相当清楚：美国正在成为世界的主要力量，而流出的血液代表着这个新力量的产生是付出了“二战”的代价的。

神秘性。我们前面提到20世纪30年代达利就有一幅作品叫《地质学的公正》，已然如此，而《观察新人类出生的地政学孩子》则更明显地使用了这一主题。这幅作品中，一个巨大的孵化成熟的蛋处在构图的正中，它是柔软的，还带有黏液。有个人从蛋壳里伸出一只胳膊，很努力地想出来。画面的另一边，一个成年男子正把这一“破壳而出”的情景指给一个小孩看，小孩很好奇但又有点害怕地看着。我们可以注意到，那个巨大的蛋实际上就是一个地球仪，而其破裂之处就是美国所在的地理版图。在整个地球仪的上方，是天的穹庐，有光线从上面射下来，使得整个“新人类诞生”的场景充满了神圣的仪式感。达利的意图很明显：他在用这样一个地理上的暗示，预言着美国在政治上将对世界发展起到关键的推动作用。当然，达利也不是一个谄媚者，他也注意到了美国社会的问题，他在《美国诗歌》中所画的两个人体一个是浅色的，一个是深色的，这指出的实际上是种族问题。

《醒前一只蜜蜂飞自石榴而产生的梦》描绘的是加拉的一个梦境，一个由于蜜蜂的蜇刺而引起的荒诞离奇的梦。画面上，裸体的加拉悬浮在一块礁石上休憩，而礁石则漂浮在海面上。在加拉身旁，一只红色石榴漂浮在礁石边，一只小蜜蜂正专心致志地围绕着石榴“工作”。加拉的左上方，大石榴裂开了口，裂口中蹿出一条大鱼，鱼夸张的大嘴中又跃出两只斑斓猛虎，张牙舞爪地扑向加拉柔软的躯体。猛虎前面，一把枪直

美国诗歌
The Poetry of America
1943年，布面油画
116厘米×79厘米
菲格雷斯达利剧院博物馆

指加拉，尖尖的刺刀头点在加拉的臂膀上，引起蜂蜇般的疼痛。远处，一只大象驮着尖顶方塔，迈着被极度拉长的、竹竿般的四条腿走在海面上。这样的大象，我们在他 1946 年的《圣安东尼奥的诱惑》中又一次看到。这一切象征什么？对这样一幅画中的石榴、蜜蜂、老虎、大象、大海……它们之间毫无逻辑性可言，可以赋予它几种甚至上百种意义的解释；而每一种解释都有深刻和浓厚的色情含义。

1947 年，达利在加利福尼亚佩勃勒海滨画了一幅《毕加索肖像》，毕加索不在美国，所以可想而知这不是一般意义上的肖像画，而是完全的超现实主义风格的作品。达利集中了很多西班牙民间传说的元素，像叙说逸事一样画出了自己的天才同胞，或者是达利自己所说的“第二个父亲”：毕加索的半身胸像被安置在一个支架上，代表了他的名望；胸脯如同两片柔软的面包，这表现了他保养良好的体态；头顶上压着的重石表示

画中的足球运动员和他后方附带的小角色代表了美国的活力，平衡手指上的球这一动作象征着黑人身体的灵活度。在这幅作品中，达利表达了对战后黑人公民出现的困难的预感，并在钟表下方画了一幅非洲软地图。

毕加索肖像

Portrait of Picasso

1947年，布面油画

64厘米 ×54厘米

菲格雷斯达利剧院博物馆

这幅肖像的底座让人想到古代帝王的大理石胸像，达利在此将毕加索视为一个皇帝，并为他戴上了王冠。康乃馨、山羊角和曼陀林代表了毕加索艺术中的理性主义、高贵的丑恶和感伤主义等价值观。

了他的作品对当代绘画的影响，以及他肩负的重任；面部的形状如同一只山羊，并带有伊比利亚半岛特有的一种发式，这暗指毕加索安达卢西亚和马拉加的血统。在肖像的胸前有一枝白色的素馨，放胸像的台子上有一朵红色的石竹花，突出的长长舌头里是一把曼陀林，这些都是伊比利亚的象征。总体上，我们会觉得这幅作品很“丑”，这也是达利在向毕加索致敬。在1973年4月8日毕加索去世不久，达利谈到自己和毕加索的时候说：“我认为毕加索的魅力来自浪漫主义，而我的不过是建立在传统上。我和毕加索完全不同，他感兴趣的不是美，而是丑。而我，对美要感兴趣得多。丑陋的美和美丽的美，就像毕加索和我是天才的两个极端，它们可以成为一个天使般的典型。”达利用毕加索的方式把毕加索肖像画得很“丑”，这其中的意味不言而喻。

达利继续实践我们前面提到的“双重影像”的创作手法，完成了几幅把人的面孔“隐藏”在自然风景中的作品，这其中有《奴隶市场与伏尔泰的隐形半身像》《保姆背后的神秘嘴唇》《岛屿明信片上的奇异场面》等，在一种视野下，画中的事物是一些远处的房屋、岛屿、风景或人物，而在另一种视野中，这些元素不过是一个近处的人物五官和表情的某个部分而已。在这些作品中，达利寻找事物之间特征上的相似性和联系性的能力让人惊叹，他总是能巧妙地创造出某种“视觉错位”和“视觉叠加”的幻觉效果。

还有一个超现实主义绘画的主题，需要我们单独拿出来说一说，那就是“面包”。达利在《回忆往事的少女胸像》中使用过真实的面包，他在 1940 到 1945 年间完成了《表达爱情的两块面包》，1945 年又画出了《装面包的篮子》，不仅如此，面包还在其他一些作品中反复出现过。达利的“面包”到底有何深意呢？达利曾在 1947 年纽约比格农画廊画展的前言中这样解释自己的面包情结：“我的目标是恢复那些过去的画家们失去的技艺，好成功地画出那些爆炸前的物体的静止状态。面包总是最古老的拜物教主题之一，我无法在我的作品中摆脱它，它是第一个也是唯一一个使我对它保持忠诚的主题。”面包是最平常的食物，同时其外表光滑内部呈蜂窝状的形态，以及面包屑洒落的情景，在达利看来都是极有意味的，它可以象征欲望、梦境、爱情、生命的出现或者毁灭，它可以在达利“偏执狂”般的多次重复中，被赋予各种各样的意义。

达利在美国回归“古典风格”的作品，在主题上表现为一种“单纯性”——它们不再具有那种复杂的思辨色彩，也不再那样不可理喻；在形式上则运用了达利那扎实的学院派技巧。这类作品的代表就是《加拉丽娜》。这是一幅加拉的肖像画，之所以称之为“加拉丽娜”，是因为达利想表达加拉对他的重要性，就像拉弗奈丽娜对于拉斐尔的重要性；拉弗奈丽娜是拉斐尔的情人，同时是他的灵感源泉。这幅作品从 1944 年开始，用了六个月的时间才完成，达利说他每天要在这幅画前工作三个小时，一遍又一遍地涂上油彩。直到最后，达利觉得加拉在画中双手环抱在胸前的形状和面包篮子非常相似，而加拉裸露的乳房看上去就像面包一样诱人的时候，达利才停下笔。我们在画中可以看到加拉的左腕上戴着一个蛇形的手镯，这是出自著名的珠宝设计师法伯吉的创作，达利对细节的描摹非常仔细，这使得画中的珠宝似乎丝毫也不比现实中的逊色。不过，很可惜，人们今天虽然还有幸在鹿特丹的伯尔曼－凡·比宁根博物馆看到这幅画，但这只手镯连同当时加拉的其他珠宝，早已经在这幅画完成几年之后，在加州的某个旅馆被小偷偷走了。这难道是对已经开始设计珠宝的达利的某种讽刺，抑或是以后岁月中达利之所以拼命地设计珠宝最初的刺激？

1944 年，达利从正面画了加拉，1945 年他从背面干了同样的事情。在《我的女人：裸身天空和建筑物》中，达利描绘了加拉的裸背，而且把妻子的背面半身坐像和一座幻想中的、带有阿拉伯风格的建筑比附起来，显示了女体与建筑之间的相似性。在这幅作品中，如果只看加拉的背影部分，那是完全的写实的古典风格，但加上了巧妙的对比，又让这种古典风格中充满了幻想和思辨的气息。

需要指出的是，达利对“古典风格”的回归是他“二战”结束后的主要变化之一，他后来对宗教性题材的关注往往是配合

着“古典风格”一起进行的。

达利有一幅重要作品叫《原子丽达》，取材于古希腊“丽达与天鹅”的传说——古希腊神话中掌管人间爱情婚姻和繁衍的女神阿佛洛狄忒使宙斯化作天鹅，与人间的美女丽达亲近，生下美丽绝伦的海伦。文艺复兴时期莱昂纳多·达·芬奇、米开朗琪罗等人都画过名叫《丽达与天鹅》的作品，而在这幅作品里，达利的模特儿是他的太太加拉，她“扮演”丽达，被那只天鹅拥抱着。有意思的是，受到原子弹爆炸的影响，达利开始有意识地从量子物理里借用某种关于世界的基本看法，画里的每件东西都像是悬浮在半空中，丽达浮在一个座台上而不是坐在上面，天鹅没有触及她，连那些涌向台座的浪花看上去也与海底毫无联系。达利认为人生存在原子时代，在一颗原子里，每样东西——电子、质子、介子、中子及其他微粒子都是悬浮的，所以他把每样东西都绘成在空间浮

加拉丽娜
Galarina
1945年，布面油画
64厘米×50厘米
菲格雷斯达利剧院博物馆

加拉交叉的手臂就像面包篮交织的柳条，她的胸部则是面包。画家还在她肩膀上画出两块羊排的形状，代表他潜意识中的欲望正在吞噬着她。

原子丽达
Leda Atomica
1949年，布面油画
61厘米 ×54厘米
菲格雷斯达利剧院博物馆

游的样子。

受到“原子悬浮”概念的启发，达利的合作者、著名摄影家菲利普·豪斯曼还拍摄过一幅名为《原子达利》的照片。图中达利、画架和他的绘画对象，以及已经绘在画布上的内容都悬浮，这个想法让两人异常兴奋，他们在摄影室里用一根肉眼看不见的绳子悬挂起一个画架及数件别的东西，又从天花板垂下一幅《原子丽达》绘画作品的巨型翻拍照片，并在摄影机左右两侧各安排两名助手，其中三个每人手里捉着一只猫，第四位提着满满的一桶水。豪斯曼大声地从“一”数到“四”，在喊“三”的时候，助手们抛掷猫和水，当猫和水还在空中时，在喊“四”字声中达利跳起来。当达利跃至最高时，摄影师按下快门，完成作品。但是，要拍摄这样的照片，技术上以及配合上都是很困难的，所以拍摄的那天助手们不断地泼水、扔猫，又不断地擦干地板上的水，捉住猫；达利也一遍又一遍地

丽达坐在高高的石座上，双脚踩着浮动的小石座，手抚飞翔的天鹅。在漂浮的事物中，木质三角板象征几何学，红色的书有可能是《圣经》，鸡蛋壳象征生命。

原子达利

Dali Atomicus

菲利普·豪斯曼，1948年

25.8厘米 ×33.3厘米

纽约现代艺术博物馆

豪斯曼拍摄的对象涵盖了20世纪中叶最著名的艺术家、电影明星和政治家。他为紧张、锐利的肖像作品注入了温暖和幽默感，展现出他能使拍摄对象在相机前感到舒适的能力。

跳起来。直到第二十六次，才获得让人满意的构图，而整个摄影过程足足耗费了五个小时。后来这幅照片在《生活》杂志刊登，世界各地的报章和新闻影片也都纷纷翻印，还入选了“20 世纪前五十年五十帧伟大摄影作品展览”。

三

达利在整个美国社会造成的影响，除了绘画，文字也是一个重要的媒介。我们知道，达利喜欢写作，而且几乎可以算作一个优秀的作家，自我表现的本性，自我推销的现实需求，这都使得这一时期的达利笔耕不辍。

刚到美国住在汉普顿庄园的时候，达利就在根据离开欧洲前已经写好的自传大纲，一章一章地写着他的第一本自传。那时候，住在汉普顿庄园的还有著名作家亨利·米勒，他因为写出了《南回归线》《北回归线》而成为20世纪争议最多的作家之一。有一天，女主人凯利丝·柯罗斯比外出了一段时间后回到庄园，发现亨利·米勒正在草地上悠闲地画着水彩画，而达利则在书桌前奋笔疾书。这是很有意思的场景，它向人们显示了不同艺术样式之间的相通性。

1942年，达利的自传《萨尔瓦多·达利的秘密生活》在美国出版，这本书用夹杂着现实和幻想的笔法描述了达利从出生到来美国之前三十七年间的生活。从史料价值角度说，这本书虽然带有明显的主观色彩和夸张的成分，但还是给人们提供了一个系统了解达利的途径，而且，这本书也显示了达利出众的文学才能，人们阅读的时候有一种在阅读小说的感觉。

自传一出版，就成了当年的畅销书，不过达利在自传中的某些描述也引起了一些风波，反响最明显的是达利对布努埃尔的描述，他在书中把布努埃尔描述成了一个彻头彻尾的“无神论者”，在那时的美国，无神论就意味着没有信仰和道德，要比共产党更“可怕”。当时的布努埃尔也在美国，在经历了好莱坞的不顺利之后来到了纽约，在现代美术馆担任电影部门的主任。达利的言论给布努埃尔带来了不小的麻烦，华盛顿天主教当局一个叫布兰德·加斯特的人以此为依据，不断地游说政府官员，还授意写手在《电影先锋》等杂志上发表文章攻击布努埃尔，希望把他赶出现代美术馆。虽然现代美术馆馆长很支持布努埃尔，但布努埃尔还是被迫在 1943 年离开了，后来由于美国电影圈里“红色清洗”运动，他在 1946 年离开了美国，定居墨西哥。根据布努埃尔在其回忆录《我的最后一口气》中所说，虽然他不能确定这件事和达利之间有什么必然的联系，但达利歪曲事实的恶意攻击确实给他的生活和事业带来了相当的损失，这可能也是两个人之间的积怨越来越深的原因之一。

达利在美国期间的另一个“文学成就”是他的第一部小说《隐藏的面孔》，作品于 1944 年在新汗普修的昆发斯侯爵家写成，前后只用了短短的几个星期。这个昆发斯侯爵家族原本是英国贵族，19 世纪末到了美国之后，在很多地方都有自己的生意和房产，达利通过凯利丝·柯罗斯比认识了这个家族的人，并使之成为自己的新的艺术赞助人。这篇小说的灵感和观念来自达利着迷的“双重影像”绘画技巧，他把“风景中隐藏着人的面孔”的想法继续拓展，发展成了“一种事物之中隐藏着另一种事物”的主题，通过主人公的现实生活经历，力图解释其经历的背后隐藏的某种隐秘的事物和欲望。当然，达利又一次搬出了弗洛伊德，把这种隐秘的事物和欲望人格化，变成了具体的人。《隐藏的面孔》的献词中，明确地写着“献给加拉”的字样。

达利还写作和发表了《魔幻技艺的 50 个秘密》等一些艺术理论随笔。达利时常吹嘘自己的逻辑能力和学术水平，他说如果不是绘画，他完全有可能成为弗洛伊德，我们今天从这样一些理论文章中可以看到达利的“吹嘘”并不是完全没有根据。他从自己的创作实践出发，从理论上总结了超现实主义绘画几个方面的特点，人们从他的画论中，得到的是某种更直观、更有个性，也更有说服力的理论表述，这显示了首先作为一个艺术家的“理论家达利”的先天优势。在《魔幻技艺的 50 个秘密》中，达利用一种发散性的思维方式，总结了要成为像他这样真正的画家应具有的五十个诀窍：

1. 一个画家至少要懂得五种不同的运用画笔的技巧。

2. 要画出飞翔般的境界，就得把画笔运用的技巧提升到如拿扇子似的熟练程度（画笔要像扇子一样地闪动）。

3. 梦幻的秘密要有一把钥匙。

4. 梦幻的秘密就像海中的海胆一样。

5. 梦幻的秘密就像海狮有三个眼睛。

6. 唯有清醒才能洞悉睡眠的秘密。

7. 一个画家要能分辨与掌握好感与恶感的视觉反射作用。

8. 画家务必把喜爱的草木，种植在自己的家园。

9. 一个画家要知道什么时候适合做爱，什么时候不宜有性行为（也就是画家要能掌握自己的生理状态）。

10. 一个画家必须能把重要的绘画灵感，在六天内表达出来。

11. 画家要能透视深远，观察入微，并在作画中懂得适可而止的道理，知道在什么时候应该停下你的画笔。

12. 画家要洞悉结婚的秘密。

13. 要知道为什么加拉爱绘画而绘画也爱加拉的秘密。

14. 橄榄的造型美感可以当作画家选太太的参考。

15. 要晓得蜘蛛如何结网的秘密。

16. 要懂得运用蜘蛛网结构的布局。

17. 要有一个小小的顶盖保护你的画，以免蒙沾灰尘（意即具备最起码的经济条件以保障绘画制作的单纯）。

18. 画家的秘密在于胡子的顶端。

19. 知道绘画之前要先学习作画（学而知之的意思）。

20. 想画出左右颠倒的视觉现象，要懂得利用一面镜子。

21. 要懂得经由九个不同角度描绘出模特儿最美的地方。

22. 绘画中的曲线，要有如粘到油脂般滑润的感觉。

23. 一个好的素描家要裸体画素描（意即要成为一个好的素描家，不能带着穿衣服的感觉去画裸体的模特儿）。

24. 临摹描绘最好的方法就是用油画。

25. 富有色感的画家，能够只用黑白两色画出许多色彩变化。

26. 要懂得“那不勒斯黄”的秘密。

27. 画家要让画自己慢慢地干。

28. 要懂得分辨两种黑色的不同机能，用有反光的黑色做底，另用一种葡萄黑做边。

29. 对于物体的质感与触觉，要表达得像画家手中的茧一样的逼真与传神。

30. 要懂得去除调色板上焦浊的阴影。

31. 要了解银白色的秘密。

32. 要晓得“威尼斯红”的秘密。

33. 要晓得 Marte 星座颜色的秘密。

34. 要知悉绿宝石颜色的秘密。

35. 要查出镉金属的秘密。

36. 要晓得朱砂的秘密。

37. 要了解群青色与其他颜色难以调和的秘密。

38. 要知晓钴化学蓝的秘密。

39. 要知晓化学紫的秘密。

40. 要体会出视觉上太阳曝光（即人的眼睛在黑暗中刚刚接触到阳光）的神妙。

41. 要能够运用如黄蜂尾针般纤细的工具作画。

42. 贝壳的颜色不等于贝壳本身，画家眼中出现的物体的颜色，不是物体本身的颜色。

43. 如果懂得用颜色画出黄金，画家可以成为富翁。

44. 要了解皮耶罗·德拉·弗朗切斯卡画出的蛋悬在空中的奥秘。

45. 画家的沉思必须如同海胆的骸骨。

46. 画家要懂得在画面构思“黄金分割”般的布局，以造成精确的表达。

47. 物体的放大与缩小，要有如手握圆规操作般的准确。

48. 画家在模特儿周缘要有空间角度的敏感，以引导出他的画面结构。

49. 从葡萄的须可以体验出线条弯曲的奥秘。

50. 永恒的奥秘是两个视线相辅相成而不是互相干扰。

虽然达利的总结很感性，甚至很有趣，但是我们最好还是不要把他的话当真，因为谁都看得出来，以上这五十条并不是严肃的理论探讨，只是达利从他那时的感受出发，随机想到的一些东西而已。

除了写作，达利在另一个艺术领域也取得了很高的成就，那就是芭蕾舞剧和电影的美术设计。

1941 年，达利先后担任《迷宫》《美女咖啡店》两部芭蕾舞剧的美术设计，为其创作布景，设计服装，其中《迷宫》在大都会歌剧院上演的时候引起了轰动。1944 年他又为《伤感的对话》《酒神》两部舞剧做了同样的事情，而且《酒神》的剧本也主要出自达利之手。早在来美国之前，达利就完成了一个叫《疯狂的特里斯坦》的剧本，取材于瓦格纳的歌剧以及古希腊关于酒神的传说，后来达利把它改成了《维纳斯山》，进而又改成了《酒神》。我们知道，尼采在其名著《悲剧的诞生》中，把古希腊的艺术精神分为“日神精神”和“酒神精神”两种。“日神精神”是一种理性的精神，在艺术上讲求和谐、平衡、适度，在风格上力图达到崇高和静穆，它要求人要有“认识你自己”的自知之明；而“酒神精神”是一种非理性的精神，它象征着激情和原始的生命力，“酒神精神”很符合达利的状态，所以达利很珍视这部作品，把它看作自己的戏剧尝试中最成功的一部。原先这部作品是要由蒙地卡罗芭蕾舞团在巴黎演出的，由利奥奈德·马辛担任舞蹈设计，摩纳哥的夏凡尼兹亲王负责布景，可可·香奈尔为舞剧设计了用真正貂皮和珠宝构成的服装。可是由于战争的原因，这部作品直到 1944 年才在纽约国际剧院的舞台上上演。我们今天无法看到舞剧上演的情景了，但达利给我们留下了一个想象的线索——那就是他为《酒神》所绘制的背景油画作品《特里斯坦与伊索尔德》。通过剧中的两个人物的变形，达利把诸如“米勒晚祷”的主题以及“拐杖”之类的具有达利意味的符号综合在了一起。

我们要了解达利对芭蕾舞的热情，还有两个例子。

其一，20 世纪 40 年代达利曾经画过一幅名为《芭蕾舞彩排》的油画作品，作品中的达利用一种古典的、印象派的手法描绘了女芭蕾舞演员在导演的指导下翩翩起舞的身姿，这在同一时期的达利作品中属于“另类的”，这也许表明了达利对芭蕾舞那种正面的热情和认同。

第二个例子是在 2004 年春季的奥斯卡电影评奖中，有一部只有七分钟长的迪士尼公司的动画片《命运》获得了提名奖。影片围绕着一个女芭蕾舞演员展开，用一个光明而又略带忧郁的故事，描写了无私的爱，全片洋溢着浓烈的幽默色彩和达利般的奇幻想象力。不错，这部动画片正是以当年达利所绘制的七幅油画和数百幅水彩画为底本制作而成。根据沃尔特 - 迪士尼公司创办人的侄子罗伊·迪士尼说，长久以来他在沃尔特 - 迪士尼公司就听说过一个神秘的故事：达利曾经专门为迪士尼公司动画片创作了许多作品，但这些作品却长时间被遗忘在公司电影资料库的某个地方。达利在 1945 年至 1946 年与沃尔特·迪士尼一起工作期间，为一部动画片创作了七幅油画和数

《特里斯坦与伊索尔德》是理查德·瓦格纳的一部歌剧，讲述了特里斯坦和敌国的伊索尔德公主的爱情故事，被视为古典浪漫音乐剧的终结和新音乐剧的开山之作。

百幅水彩画，但由于种种原因影片最终没有拍摄。2004 年，作为达利诞生 100 周年的纪念活动之一，沃尔特 - 迪士尼公司花了九个月的时间把达利的作品搬上了银幕，并在欧洲展出了这些原作中的十二幅。这一整批历经五十八年岁月流转的原作，据说当时的价值在五百万到一千万美元之间。在我看来，这是一个很有诗意的事件：如此富有象征意味的“被遗忘”的作品，竟然是达利关于芭蕾舞题材的绘画，而这些绘画又是为电影准备的——除了文学，达利一生中涉及最多的三个“造型艺术”的领域在这个事件中融为了一体，这其中蕴含的意味和历史感无疑是达利作品中最突出的。

既然说到电影，我们就来看看达利在美国期间与电影的关系吧。经过了早期《一条安达鲁狗》的一鸣惊人和《黄金时代》的失落之后，达利在欧洲再也没有涉足电影。但是，美国不一样，好莱坞像一个大舞台，它有着巨大的商业

《特里斯坦与伊索尔德》的布景设计

1944年

资本的支持，同时在影响和培养观众的喜好方面很有一套。整体上说，好莱坞虽然是保守的，但只要在一些特殊的时间上，“先锋”能带来商业价值的话，它也并不排斥先锋和另类，悬念电影大师阿尔弗雷德·希区柯克的电影就是在把握电影艺术创新和观众喜好这个“度”上非常成功的人。达利再一次涉足电影，正与希区柯克有关。

1945年，希区柯克要拍摄一部专门表现心理分析的影片，他已经有了一个叫《爱德华大夫》的剧本，但有一个重要的问题他解决不了，那就是如何形象地表现人的梦境，仅仅通过演员的讲述是远远不够的，于是希区柯克想到了达利。毫无疑问，对弗洛伊德理论熟稔，并一直用绘画来表现这个主题的达利，应该是为电影设计那些梦幻场景的最佳人选。虽然《爱德华大夫》在图解弗洛伊德理论方面显得有些幼稚和粗糙，诸如“我来给你解梦，那样你就知道你是谁了”之类的台词到处都是，而条理分明、一一对应、丝毫不爽的准确解释也把心理分析过度简化，但由演技出众、形象俊美的格利高里·派克和英格丽·褒曼担当男女主角，再加上在美国红极一时的萨尔瓦多·达利为影片设计超现实主义风格的布景，这些都使得该片成了那个年代最卖座的电影之一，还得了奥斯卡最佳戏剧片和最佳音乐两尊金像奖。

在电影梦境图景中，达利用剪刀剪开了画满眼睛的幕布，这似乎让人重温了他在《一条安达鲁狗》中的旧梦，同时，没有五官的面孔，扭曲的轮子，如同他 20 世纪 30 年代的绘画作品《眩晕》一般宁静而恐怖的高层建筑的屋顶，这些都让人的视觉受到冲击，同时对烘托影片的整体氛围又起到了至关重要的作用。

很有意思的事实是，在电影如此发达的美国，除了《爱德华大夫》，达利竟然没有更多地涉及电影创作，这是为什么呢？其背后的原因可能是这样的：美国电影的商业化和通俗化特征不适合达利那样偏执狂般的想象，在这一点上，美国电影还不如舞台艺术给达利提供的空间大，如果遇上希区柯克这样的导演和《爱德华大夫》这样的影片，达利还有一展身手的空间，但美国电影中又有多少希区柯克和《爱德华大夫》呢？

《爱德华大夫》的构图设计

1945年

《爱德华大夫》是希区柯克在“二战”后拍摄的第一部影片，也是电影史上第一批以精神分析学为主题的影片之一。该片多处运用了经典的心理分析与治疗的方法和技术，使观众无不跟随主人公的心理发展的变化而变化。

四

经过了前几年叱咤风云的生活，达利和加拉拥有了巨大的财富，虽然他们还要继续积累他们的财富，但达利觉得没有必要像先前那样辗转了。1946 年他在加州帕波海滨买了一所房子作为寓所和画室，安静地住了下来，合同的事情达利向来全都交给加拉去打理，现在，没有了合同，又不需要跑来跑去，达利看海的心情都变得如此放松，这让他不经意间开始思念“利加特港”了。

如果我们留心，可能会发现达利在美国的作品中，风景的部分都是与美国无关的，即便是他的“美国题材”也都是观念和思想上的，他似乎从来都没有想过把这里的自然环境画入他的作品中——达利作品中出现的风景是他对加泰罗尼亚风景的回忆！离开欧洲和西班牙太久了，和家人偶尔的书信联系并不能排遣达利心中对故土的思念。现在，战争已经结束，谁胜谁负已经确定，达利并不关心欧洲到底往何处去之类的问题，对所谓的欧洲重建也丝毫没有兴趣，他想到的是自己和加拉又可以回到利加特港，过那种战前的好日子了。

1947 年，达利先后在克利夫兰美术馆和纽约的比格农画廊举办个人画展，我们可以把这看作是达利对美国岁月在艺术上的总结。画展一结束，达利就开始准备返回欧洲的事情了。1948 年，在离开八年之后，达利终于重返欧洲，就定居在加达凯斯的利加特港。

我们回顾一下达利的美国岁月，会发现这是达利人生中非常关键的一个阶段，这不仅仅因为达利获得了更大的名声，也不只是因为他在多个领域都取得了巨大的成功，积累了巨额财富，更本质的是因为这一时期发生着变化，而且孕育着更大的变化。如果说，当年在马德里求学、在巴塞罗那成名的时期，达利完成了从一个印象派画家向超现实主义者转变的话，那么美国岁月，则让达利在一种众声喧哗的状态中自觉地开始反思自己的超现实主义风格，当然他是一边继续创作一边不断调整的，并不是对超现实主义技巧的抛弃。为什么达利在战后会突然找到一种更接近古典的方式，关注起宗教题材和西班牙题材？这正来源于美国岁月中的渐变和积累。从一定意义上说，达利的一生如果只分成两个阶段的话，那么“美国之前”和“美国之后”会因为其明显的差异而成为首选的方案，那么“美国岁月”正是其中的过渡时期。

第 八 章

1948—1964

祖国、宗教和神秘主义

依我童年与少年的经验，

我过去是无神论者；

依我青年时期的经验，

我现在是神秘魅力的崇拜者。

题　记

达利一回到法国和西班牙，就宣称要彻底地抛弃超现实主义，他刚到美国时也这么宣称过，不过这一次的情况不一样——他真的按照他说的那么去做了。达利没有与战后的先锋派发生过多的联系，而是致力于西方的传统题材，特别是宗教和西班牙题材。很明显，达利艺术风格的转变，并不是人到中年之后创新精神减弱的表现，而是对自我的自觉超越和扬弃。因为同时期的达利还表现出了对诸如“核神秘”之类的新鲜事物的巨大兴趣，生活上也保持着原先那种特立独行的状态，时常给人们带来惊奇，丝毫看不出创造力衰退的痕迹。所以，我们也许应该这么评价达利宗教式的回归：一方面，宗教和西班牙主题，乃至“核神秘”真的引起了达利的兴趣，成了他反思战争、反观自我的新途径，这是一种“以旧为新”的态度，并不是倒退；另一方面，达利并没有完全抛弃超现实主义时期的技巧和方法，而是把它们融入对新题材的表现和阐释当中了，所以，即便是那些最传统的题材，在达利的笔下也会展现出独特新奇的面貌，虽然可能不像原先的作品那样光怪陆离，但也绝不是模仿古典的平庸之作。

一

达利返回的西班牙，还是那个由佛朗哥统治着的西班牙，这一点没有变，但整个世界变了。“二战”前后的西班牙，在国际社会中的地位发生了两次明显的改变。前面说过，西班牙内战是以受法西斯支持的佛朗哥的胜利结束的，“二战”中，虽然佛朗哥政府号称“中立”，并没有直接和德、意等国结成同盟，但和法西斯国家之间还保持着暧昧的关系，比如当法国将要沦陷的时候，西班牙政府就在德国纳粹的授意下关闭了法国和西班牙的边境，导致了很多原本流亡在法国的犹太思想家和艺术家无法逃亡，其中最著名的事件就是德国法兰克福学派的思想家本雅明因为不堪盖世太保的追杀又无路可逃，在法西边境的小镇上自杀。著名的德国戏剧家布莱希特曾经评论说，本雅明的死，是希特勒给德国文学艺术造成的第一个真正的损失。我们还可以在他的评论上加上这样的内容：在这个事件中，西班牙政府是希特勒的帮凶。因为西班牙政府的种种劣迹为世人不齿，“二战”结束之后，西班牙的国际地位大大下降，最明显的，新成立的联合国就拒绝承认佛朗哥政府。

然而，随着前盟国反目，冷战将全球划分成了相互敌对的集团，佛朗哥乘机恢复了联合国席位，并在 1953 年与美国签署了一项协议，答应美国在西班牙建立军事基地，以此为条件要求美国向西班牙提供经济援助。随着本国经济的发展，以及美国的支持，佛朗哥政府在国内和国际上的合法性得到了承认，西班牙的国际地位也随之提高，但“二战”的阴影还时常影响世人对西班牙的态度。到了 1969 年，佛朗哥确认三十二岁的胡安·卡洛斯为他的继承人，认为卡洛斯会延续他的专制主义政权。可是，当佛朗哥于 1975 年 11 月死去之后，新国王逐步废除了独裁，并且鼓励恢复政治党派，西班牙才最终摆脱了佛朗哥的阴影，成为现在的君主立宪制国家。

这些是达利祖国的背景，对我们理解达利的宗教和西班牙主题的艺术或许会有一些帮助。

达利在 1948 年年初回到西班牙，定居在利加特港，开始了宗教主题的绘画，第一幅作品就是《利加特港的圣母》。达利在 1948 年和 1950 年对这一主题先后画了两次，我们现在看到的是达利在 1950 年对原先的作品重新加工的结果。说起这幅画还有一个故事。1948 年在罗马的洛贝利斯科画廊举办了战后第一次达利画展，展览原本是对达利美国时期的绘画的集中展示，但由于这幅新作完成得实在很快，所以也出现在了画展上。因为是圣母像，达利把那幅作品拿给当时的教皇毕奥十二世观看，教皇很是赞赏，这着实出乎达利的预料，受宠若惊的达利进而决定对原作进行更为细致的加工，使它呈现出现在的面貌：达利用扎实的古典主义写实手法描绘出了圣母怀抱圣婴的形象，人物身体和面部线条如此接近真人，如同照相一般写实。事实上两个人物的形象也确实有着现实的模特，圣婴是照着加达凯斯一个渔民的儿子画的，圣母当然不会是别人，只能是现实生活中被达利像圣母一样崇拜着的加拉。但是，这不是一般意义上的宗教绘画，达利在两个人物的胸部打开了一个圣柜形的长方洞，两者嵌套在一起，大洞之中的小洞中悬浮着一只圣餐面包，正处于整个画面的中心——我们前面讲过面包在达利绘画中的地位，它的又一次出现意味深长。圣母的身后宗教式的拱门分裂成了几个立方体，悬浮在空中。拱门之外是利加特港的风景，隐约有船和海岸。

我们可以发现，这幅作品把古典的宗教题材和某种神秘的、非理性的氛围结合在了一起，人物胸口的洞和面包，到底想表达什么样的意味呢？达利自己也没有给出确切的解释。我们可以注意到，绘画中“悬浮”的状态和《原子丽达》中的十分相似，这表明达利延续了美国时期对“核爆炸”的兴趣，实际上在整个五六十年代，达利宗教主题的作品往往都是和“核神秘”主题交织在一起的。

在这之后，达利又先后画了十八幅大型油画，都和宗教主题有关，其中以《最后的晚餐的圣礼》《受难》《十字架上圣约

利加特港的圣母

The Madonna of Port Lligat

1949年，布面油画

48.9厘米×37.5厘米

密尔沃基马凯特大学

这幅画描绘了由加拉为模特的玛利亚和婴儿基督，长方形的洞穴切入他们的躯干，暗示着他们的超越地位。背景中呈现的是利加特港的景色。

翰的基督》三幅最为重要。

1951年，达利完成了《十字架上圣约翰的基督》，在伦敦的里浮利画廊首次展出，开始的时候，观众和评论界反应冷淡，更有人认为这是达利在创作众多杰作的间隙出现的一幅平庸之作。几年之后，当它再一次展出，挂在格拉斯哥博物馆的时候，竟然遭到一位狂热的宗教徒疯狂的攻击，差点被损毁。这幅作品到底有什么样的力量，能让一个人如此冲动呢？与传统的基督画不同，作品用一种俯视的视角，从上方描绘了被钉上十字架的基督的形象。作品的上半绝大部分空间被黑暗中的巨大十字架占据，十字架上是一个只能看见头顶却看不见面容的基督，基督和十字架被一束神秘之光照亮，被照亮的部分正好形成一个“三角形”。画面的下半部分是人间的景色，蓝色天穹下的群山、群山环抱中的湖泊、湖泊中的小舟，这是一个“圆形”的构图。岸边和小舟上有三个人物凝视着天空，这又是一个三角形的构图。整个画面给人一种压迫感，似乎要让人的灵魂受到某种来自上方的审视，但在压迫的同时，当人看到人间景色的时候似乎又会感到某种宗教般的慰藉。

达利谈到这幅作品的创作过程时说，创作的冲动来源于自己关于基督的梦。“1950 年，我做了一个‘宇宙梦’，梦中，我看到这个彩色形象。在我的梦中，它代表‘原子核’。这个核不久成了超自然的感觉。我认为这个‘宇宙的特殊个体’就是耶稣！”

很明显，达利很看重这幅作品，根据他的回忆，画这幅作品的时候是秋天，天气冷起来了，加拉雇来工人，张罗着给利加特港的住所装上暖气。达利很担心画到一半的《十字架上圣约翰的基督》会因为油彩没有干而沾上施工中的灰尘，所以没有在画室而是在卧室完成了它。而且，每次完成了一点达利就用一块干净的白布很小心地把它盖上，那是一种近乎宗教仪式般的行为，因为达利自己知道，如果作品受到了损害，他没有信心再画一遍，再走一遍全身心投入的心理历程。据说，这幅作品还受到了和达利关系一直都不错的西班牙战后统治者佛朗哥的特别赞许，他要求达利带两幅作品来他的官邸艾尔帕多宫，一幅是我们前面提到过的《装面包的篮子》，一幅就是《十字架上圣约翰的基督》。

《受难》在题材和意蕴上和上一幅相似。所不同的是，这幅作品采用的是一种仰式的构图视角，耶稣的头偏向一边，人们同样看不到他的面容。十字架由一个个漂浮的立方体组成，受难的耶稣似乎不是被钉在十字架上，而是漂浮在十字架的前方。画面的左下方是一个仰头凝视耶稣的母亲形象，其面容明显有着加拉的影子。

达利的《最后的晚餐的圣礼》可能是西方绘画史上诸多同一题材中最新颖、最奇特的一个，和我们熟悉的达·芬奇的作品相比，其古典氛围中充满了现代意味：耶稣和他的十二使徒对称地坐在放有葡萄酒和圣餐面包的长桌前，耶稣居中，他的两边各有六名弟子，他们都显得年轻英俊。十二弟子披着斗篷，半低着头，只有耶稣笔直地坐着，他的身体是透明的，显得脆弱而又神圣，在他们的上方，还有一个隐形的透明人体漂浮着，那象征着圣灵。就像《十字架上圣约翰的基督》把基督教的“三角形”神秘化了一样，《最后的晚餐的圣礼》把数字“十二”神秘化了。达利认为，围绕着耶稣的十二弟子就像是围绕着太阳的十二宫一般，都处在一种漂浮和恍惚的状态，因为他们都被耶稣的神性光辉所笼罩。

达利的宗教主题的作品，不止这些大型油画，还包括为《神曲》画的一百零二幅水彩插图，还有诸如《圣乔治和龙》之类的宗教题材的雕塑作品。圣乔治是传说中基督教的殉教者，关于他屠龙的故事至迟在 6 世纪就开始流传。据说在利比亚的海边有一条毒龙，人们因惧其为害而要献上少女作为祭品。圣乔治骑着骏马，挥动长矛刺死了毒龙，也救出了被献祭的少女。

受难
Crucifixion
1954年，布面油画
194.3厘米×123.8厘米
纽约大都会艺术博物馆

达利的这件雕塑虽然也是如历史上的同题之作那样选取了圣乔治以长矛刺杀毒龙的一刻，但圣乔治的动态、双手的轻松持矛使屠龙的紧张转化为人与龙之间的对话，在骏马后面的少女不像是被拯救的弱者，而是一位充满了生命力的见证者。

整体上说这些作品都现出一种神秘的庄严感。比如，画面的色调不再是色彩斑斓的，而是变成了凝重单一的风格，画面中人和物体“漂浮”的状态很突出，达利也很明显地运用了把宗教意味和天体物理及核物理现象结合在一起的思维方式。这就引出这一时期达利绘画的另一个重要主题：“核神秘”。达利可以把“核神秘”主题和宗教主题结合在一起，也会单独地表现“核神秘”。

何谓“核神秘”？1952年，达利写作并插图了《神秘现象》一书，解释其“核神秘”主题，并绘制《拉斐尔风格的头部爆炸》《球的条纹花布》等这一主题的作品，并重回美国在七个州做这一主题的巡回演讲。在达利看来，核物理

达利用他的“核神秘主义”理论，将天主教、数学和科学相结合，创造出这种对耶稣受难的不寻常的解释。十字架上的耶稣没有伤痕，也没戴荆棘头冠，以加拉为原型的人物目睹了基督的这一精神胜利。

最后的晚餐的圣礼

The Sacrament of the Last Supper

1955年，布面油画

166.7厘米×267厘米

华盛顿国家美术馆

透入室内的阳光使基督成为绘画的焦点，他的手指将观众的视线引向上方的透明躯干。画家将场景设置在透明十二面体内，和十二门徒相对应。背景是经常在达利的绘画中出现的加泰罗尼亚的风景。

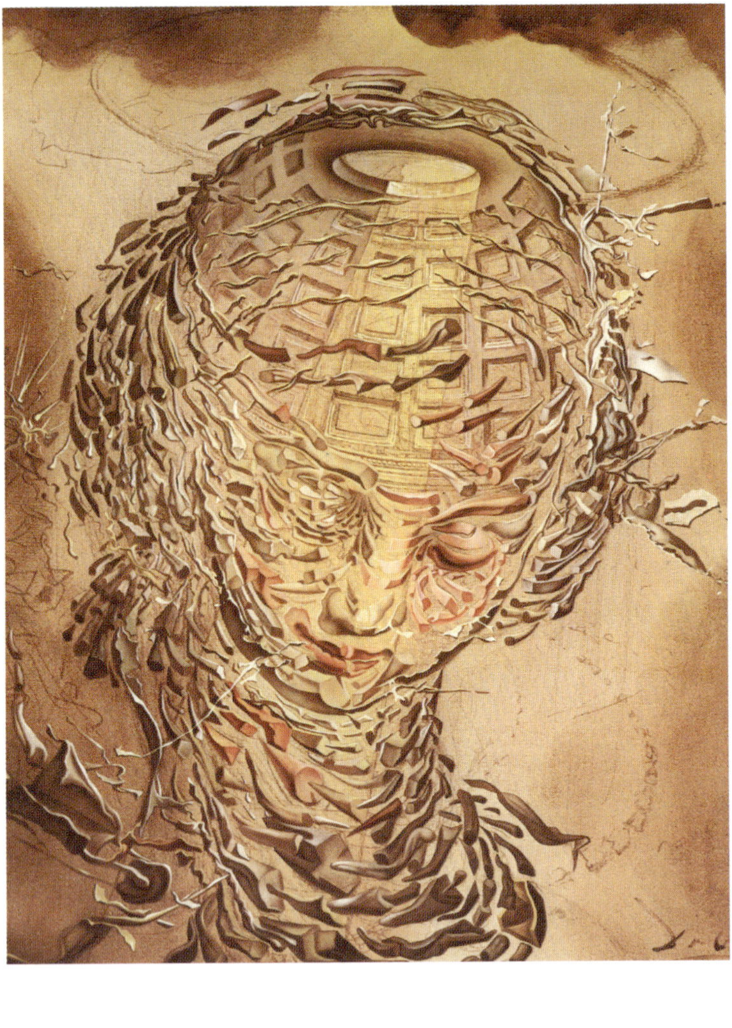

拉斐尔风格的头部爆炸
Raphaelesque Head Exploding
1951年，布面油画
43厘米 ×33厘米
爱丁堡国家现代艺术博物馆

达利在此展示了由古典偶像创造的平衡和理性是如何被核武器的出现所打破的，圣母的脸型就像原子弹爆炸时的蘑菇云，她神态平和，眼帘下垂，正在祷告。

和天体物理是联系在一起的，都是关于物质和世界起源的学说，同时又是对神和天使的解释和显现，他从物质的非连续性中获得了启发，认为上帝是一个不可捉摸的观念，不可能成为具体的实在，但他又要在现实中显现，所以达利猜想，也许上帝就是人们在核物理中发现的物质，质子和中子也许就是天使的元素，因为天国的形体中有一些物质的残余，使得某些现实的生命看起来与天使如此相似。比如，达利偏执地认为拉斐尔与十字架上的圣约翰非常相似，而加拉和圣母的面貌十分相似。达利的这种神秘主义思想，在当时的大多数人看来，不过是他的狂乱的艺术想象而已，并没有受到人们在宗教或哲学层面上的认真对待，但也有少数的几个人很重视达利的“核神秘”思想,《卡迈勒派修士研究》杂志的主编布鲁诺神甫就是其中之一。他相信没有别的什么观念，能像关于上帝和天使的念头那样刺激达利，他想通过画出天国，穿越苍穹和上帝取得某种神秘的联系。在达利的眼中，上帝不仅

哥伦布发现美洲大陆
The Discovery of America by Cnristopher Columbus
1958—1959，布面油画，43厘米×33厘米
爱丁堡国家现代艺术博物馆

仅是宇宙，还是一种限制，是一系列互相矛盾的观念的综合体，不可分割，不能把它们分解成任何有组织结构的空想的事物。所以，他相信自己通过“核物质”向宗教的神秘主义回归，不是他自己的事情，而是上帝的光芒在照耀着他，是天使在指引着前路。

达利用神秘主义的方式对待宗教主题，然后又用宗教的方式对待西班牙主题。很明显，祖国、宗教和神秘主义是这个时期的达利艺术的三个关键词。

作为一个加泰罗尼亚人，达利似乎到了战后才把“祖国”的概念与整个西班牙联系起来，他对西班牙的历史表现出了前所未有的兴趣，几乎西班牙历史中发生的任何重大事件，他都想用画来表现。1957年，达利为塞万提斯的《堂·吉诃德》画了系列插图，通过一个个场景，达利表现了自己对中世纪和文艺复兴时期的西班牙的想象。由于插图广受好评，特别是受到了西班牙语国家读者的赞赏，驻巴黎的古巴大使还特地为达利颁发“法国贵族勋章”。

这幅画表达了达利对西班牙雄心勃勃的敬意。哥伦布被描绘成一位穿着古典长袍的年轻人，象征着年轻的美洲。为了表现哥伦布在加泰罗尼亚所具有的代表性，达利还画上了加泰罗尼亚的旗帜。

1958 年和 1959 年达利先后完成了《宏大的圣地亚哥》《德图昂大战》《哥伦布发现美洲大陆》，后者是其西班牙主题中最著名的一幅。《哥伦布发现美洲大陆》在艺术表现手法上和《最后的晚餐的圣礼》十分相似，都是用一种精细的“粒子画法”（这是达利对其早期的“点彩画法”的发展），照相写实一般地描摹事物，而且同样充满了神秘的宗教气息。稍有不同的是，画中的场景更为宏大，构图也更为复杂，在神秘肃穆的气氛中增加了恢宏的、史诗一般的气势。我们知道，15 世纪末，克里斯多弗·哥伦布奉西班牙统治者的命令，率领三艘木帆船，经过了长达七十天的艰苦航行，到达了美洲的巴哈马群岛，第一次发现了美洲大陆。在达利看来，哥伦布发现新大陆不是人力所能及的，而是上帝意志的体现，是神的“安排”，所以作品中的哥伦布一手奋力拉船，一手高举有着圣母像的旗帜，而且在背景部分，十字架、耶稣像、天上的各种神灵或隐或现，一起渲染着上帝的光辉。在画面最前方的陆地上有着一个巨大的海胆式的球体，这象征着被发现后的新地球的面貌。在哥伦布拖着的帆船的后面，有一个身穿长袍、把十字架高举过头顶的人，我们看不见他的面孔，但我们通过达利的解说知道，那个人不是别人，正是达利自己。他像是一个忠实的随从，跟在哥伦布后面，为他祈祷，又像是一个虔诚的基督徒在对圣母像顶礼膜拜。这很容易理解，圣母的形象是加拉的形象，画中的达利当然要向着画中的圣母加拉祈祷了。

二

是什么让原本乐于“亵渎神明”的达利回归宗教了呢？这是一个很难说清楚的问题，作为一个旁观者，我们有一个直观的感受，并不一定就是确切的原因：达利的神秘主义的宗教情绪不只是停留在绘画领域，它有着现实的来源，同时又有着现实的显现。

我们猜想，父亲的最后岁月以及父亲的死对达利的宗教情绪一定是一个推动力量。达利回到西班牙的加达凯斯之后，与父亲和妹妹的接触可能是达利成年之后最频繁的一段时间。从1948年到1950年，也就是父亲在世的最后三年里，达利一年之中总会回到菲格雷斯或卡德隆兹几次，看看父亲。他已经很老了，生活虽然有人照顾，但在思想上却发生了危机。父亲以前总是宣称自己是一个自由主义者，虽然不是激进的无神论者，但也不是虔诚的教徒，他很少去教堂，常把“去教堂是女人的事情”之类的话挂在嘴边，但在他的身体越来越差，并意识到自己将不久于人世的时候，父亲转向了宗教，希望从对于上帝和天国的虔诚中找到心灵的慰藉。父亲在精神状态上的变化一定让达利感到了宗教的那种神秘的力量。1950 年，正当达利在加达凯斯第二次画《利加特港的圣母》的时候，父亲在卡德隆兹去世的消息传了过来。达利赶了过去，在他当年为父亲和妹妹画《艺术家父亲的肖像》和《站在窗前的少女》的房间里见了父亲最后一面，他那消瘦的面颊上满是安详的神情，达利觉得这是拜宗教所赐。父亲的死也让达利回忆起童年的情感和生活，他在父亲死去的那一年完成了一幅名叫《六岁时，达利以为自己是个女孩，她轻轻揭开海的皮肤，看见一只狗睡在海的阴影里》的作品。

达利在他 1952 年 5 月 1 日的日记里写道："对我来说，我父亲其实是这样一个人：他不仅是我称颂的人物，而且是我模仿最多的对象；不过这并不妨碍我在长久的岁月里为他带来痛苦。我恳求上帝在天国里给他一席之地，并且相信他已经住在那里了……"达利意识到自己在模仿父亲，这其中也包括父亲对宗教的态度的转变，虽然达利也相信弗洛伊德的话："反对父权并赢得胜利者，才是英雄。"我们还有一个判断，达利是在通过宗教信仰达到神秘主义的目的，而不是相反。也就是说，神秘主义才是达利真正感兴趣的东西，才是本原，这符合达利自己偏爱幻想的本性：祖传的西班牙神秘意识，美的神秘笔触，时间的神秘、权力或金钱等物质成就的神秘感，这些在达利以往的作品中都出现过，只不过那时候，神秘主义只是各种主题的附属物，而现在，达利的神秘主义引来了种种奇异的对现实的逃避，特别是当宗教神秘主义同魔幻神秘主义及原子神秘主义汇聚一处，神秘主义本身就凸现了出来；宗教那种让人凝神静观的“仪式感”是在现实中达到神秘主义的最佳途径。1952 年，达利在巴黎发表了《神秘主义宣言》，用形而上的语言，表达了这一层意思。两年之后，他又用一次让人印象深刻的“行为艺术”形象地重申了这一点。

1954 年，达利已经五十岁了。他决心在意大利的罗马、威尼斯、米兰等地举办一系列震撼人心的重要作品回顾展，来当作自己五十岁的献礼，他把这次活动的主题定为“重生”，取典于当年歌德来到罗马时写下的“我想开始重生”的豪言壮语。

达利别出心裁地以超现实主义手法策划实施了一次“重生仪式”：展览的会场设在罗马的帕拉维西尼宫，展览之前，达利通过广播向全世界宣布，他要举行一个展览前的“重生仪式”。他预先准备了一个仅能让他屈蹲进去的四方形箱子，在箱外写满了希伯来神秘图案和咒语。几名蒙面大汉抬着箱子，从阿比亚街进入罗马市区游行，并特地经过每一个有纪念性的重要地方，以造声势。到了晚上，则生起火把招摇过市，再游行经过皇宫公园，到达位于罗马最高山丘顶点的小皇宫，将箱子安置在小皇宫的日出堂中心的箱架上，四周插起了熊熊燃烧的火把，同时预言，一个伟大的天才将在明天日出时从箱子里“重生”。

第二天，日出时果然人山人海，达利当着拥挤的观众，沿着唯一的绳梯爬进了箱子，关上箱盖。“重生仪式”开始了，他用力顶开箱盖，站在箱子里发表演说。他用严肃的态度说箱子里装满了所有最原始的美德（指他自己），而此美德，正是解决现代艺术缺乏技艺与走向混乱毁灭的良方。接着他警告说现代艺术将和物质主义一样走入绝路，当画家缺乏信仰时，作品将会是些毫无意义的东西。他郑重其事地向洗耳恭听的群众宣布两大“真理”：一是画家必须“重生”，要不然就永远死去；二是改无信仰为有信仰，使“变革”成为“重生”。他用感人的语调说：“现代艺术必须再一次结合过去传统艺术的活力，以作为现代艺术重生的因素。”

达利的宗教情绪还和加拉有着一定的关系，我们前面看到，只要在达利的画中出现圣母，那毫无疑问一定会是加拉的形象。在现实生活中，达利对加拉的依赖和崇拜简直到了无以复加的地步，这非但没有因为加拉的衰老而消失，反而历久弥坚。在外人看来，这种难以理解的情感充满了神秘的色彩，它像宗教信仰一般是绝对的，不需要什么具体的原因；又像是受到了某种神秘力量的驱使，不可言说。虽然有的研究者从生理的角度做出过解释：因为达利长期处于性功能障碍的困扰之中，很少有外遇的可能，所以才会对充满母性的加拉完全依赖，但笔者认为，生理的原因并不是最重要的。对于达利来说，对加拉的热爱和忠贞，就是现实的宗教。一个很好的例子，1956 年达利曾经拜见教皇，请他允许自己和加拉在教堂举行婚礼，但是由于加拉的前夫保尔·艾吕雅还健在，在教堂举行婚礼不符合基督教的教义，没有得到应允。1958 年，艾吕雅因病去世，五十四岁的达利和六十三岁的加拉，才得以在西班牙著名的“天使教堂”正式举行了婚礼。当教堂的钟声敲响，神甫把加拉和达利的手叠在一起的时候，对达利来说，两种宗教在那一刻也结合在了一起。

说到拜谒教皇，达利分别在 1948 年、1956 年和 1959 年三次见到了教皇，前两次是毕奥十二世，第三次是约翰十三世。我们还记得，达利形容他第一次见到毕加索的时候，感到像是拜见教皇一般激动，其实，在他写下那些话的时候，达利根本就没有见过教皇，也没有体验过见到教皇时的心情到底是什么样的。当他真的见到了教皇，时间越是往后，达利身上艺术家的身份越是在减弱，而宗教徒的成分却在增强，所以他的激动一次比一次强烈，特别是他和加拉举行了婚礼之后的 1959 年的这一次，用我们的观点来看，自我中心主义者这一次几乎完全地丧失了自我，联想到青年达利在《一条安达鲁狗》和《黄金时代》里对教会的讽刺，我们不得不感叹达利的复杂多变。

1964 年，因为在宣扬宗教方面做出的杰出贡献，达利从佛朗哥手中接过了天主教伊莎贝拉大十字勋章，这是对达利的宗教情绪最好的褒扬？ 1965 年达利为《圣经》画了一百零五幅水彩插图，这是达利对宗教勋章的刻意回报？

三

从最本质的意义上说，达利还是达利，宗教并没有改变他那哗众取宠、特立独行的本性。这一时期的达利虽然在艺术风格上和在美国时有了很大的区别，但在社会公众领域，他却延续了以往的形象。达利在他的日记里，对自己有着清醒的评价，他说自己注定是一个“伟大的交际花”。一方面，除了不断地办展览，他继续在各种感兴趣的艺术领域里全面出击，艺术创作和商业收益两不耽误；另一方面，他还有意识地通过大众传媒在公众面前作秀。

在文字领域，达利先后出版了多本作品，这其中大致有两类：一类是“自恋式”的传记或日记；一类是艺术思想的表述。1950 年，达利的妹妹出版了一本关于达利的书，作为回应，达利在很短的时间里弄出了一本《备忘录》出版，从内容上说，这本书并没有多少新意，很多地方是对《萨尔瓦多·达利的秘密生活》的重复，不过这其中更详细地记述了达利和家人，特别是和父亲之间的情感纠葛。从 1952 年 5 月开始，达利不知道在怎样的一种想法的影响下，开始写日记。达利写日记的方式很随意，有的时候他是每天都写，而且写很多，但有些时候他又会让人感觉是在敷衍了事，断断续续，寥寥数语。到了1964 年，达利把从 1952 年到 1963 年的日记结集出版，命名为《一个天才的日记》。有意思的是，乐于向公众表现自己的达利却把这本日记的“1959 年”和“1961 年”两部分贴上了“绝密”的标签，在出版时略去了。从 60 年代开始，达利的文字明显带有一种“怀旧”的调子，他对自己以往的生活轨迹一遍遍地追述和重新渲染，对其过往艺术生涯中的主题反复地考察和确定。1962 年他出版了《加拉的达利》一书，同时开始着手写另一本书《萨尔瓦多·达利的世界》。

达利另一些文字明显地带有达利式的偏执狂色彩。1954 年，达利对他最钟爱的古典画家（拉斐尔、委拉斯开兹、弗米尔）之一——荷兰画家弗米尔的一幅作品发生了极大的兴趣。在这幅叫《蕾丝编织者》的作品中，弗米尔采用了严格的构图以及非常精细的笔法，达利把这种情况和他正感兴趣的“粒子画法”结合了起来，而且达利偏执地认为在“蕾丝编织者”的形象和“犀牛”的形象之间存在着某种神秘的联系，为此达利写作了名为《弗米尔的蕾丝编织者的偏执狂批评研究》的长文。达利会产生这样的看法，是有原因的，在那段时间，达利的绘画中产生了一个次主题：犀牛。达利从数学和几何学的角度去分析犀牛的形象，认为犀牛角的线条非常完美地符合“对数螺线”；达利还把犀牛看成是情欲的象征，它的厚皮、它那粗壮的后腿，以及后腿奔跑时给人带来的那种狂欢般的感受就是具体的象征物；达利曾不容置疑地说：“犀牛是唯一拥有大量难以置信的知识的动物。”就在1954年达利画了一幅带有“双重影像”和“原子风格”的作品《菲底亚士的伊利索斯的犀牛形人物》，飘浮在空中的碎片既是犀牛身体的某些部分，又是人体的部分。在此之后，“犀牛”还多次出现在达利的作品中，比如油画《带犀牛症候的加拉》、雕塑作品《披花饰的犀牛》等。1954到1960年间，达利还和罗伯特·迪斯查勒斯一起拍摄了电影《蕾丝编织者和犀牛的奇妙故事》。当年《黄金时代》完成之后，达利曾告诫自己再也不和别人合作电影，事隔多年之后，达利又一次与人“合作”了电影，可见“蕾丝编织者”和“犀牛”主题对他的吸引。

1955年，达利又写作了《偏执狂的批判方法的现象学态度》，并在法国索本神学院发表了同题的演讲。演讲的开始，达利把偏执狂般无理性的思维方式以及他的神秘主义倾向和他的祖国联系在了一起，他说：“萨尔瓦多·达利决定，对他在巴黎的生活做一个最诞妄的声明。因为法兰西是世界上最理性的国家，与之相比，我自己，来自西班牙，它是世界上最无理性的国家，最神秘的国家。智慧引导我们，给我们带来怀疑主义的、模糊的微小差别。智慧指给我们极胶着的、烹调术的共同作用，普鲁斯特式的不确定性。正因为这个理由，像毕加索和我这样的西班牙人一次又一次地来到巴黎，向你们显示真理生硬的和流血的一部分，使你们眼花缭乱，这是一件必要的好事。”

由《蕾丝编织者》和“犀牛”引发的兴趣，从本质上说，和米勒的《晚祷》引发的兴趣是一回事情，都是达利沿着一个线索深挖下去，同时自我暗示的广泛联系的产物。我们前面多次提到达利对米勒的绘画《晚祷》的兴趣，作品中那两个农民的形象多次被他移植到自己的作品中，1963 年从理论上总结了自己的这种兴趣，最后终于写成了一本洋洋数万言的《米勒〈晚祷〉的悲剧性神话》。

达利对舞台剧的兴趣依然浓厚。1949 年他为在伦敦科文特花园上演的施特劳斯歌剧《莎乐美》设计了场景；1950 年他又为在马德里玛丽亚·格雷罗剧院上演的戏剧《好色的唐璜》设计场景和服装；1961 年，由苏格拉底作曲、莫里斯·比加特设计舞蹈、达利设计布景和服装的舞剧《西班牙妇人和罗马骑士》上演。更值得一提的是，1961 年，达利在威尼斯完成了芭蕾舞《献给加拉》的创作，他对一些新领域的兴趣在这部芭蕾舞中都派上了用场，比如和声理论、视觉艺术，等等。舞台的效果充满了宗教氛围和神秘主义气息，据说，他曾要求布景幕布由一辆接一辆悬着的摩托车放气之后组成，在使用道具的时候，要用真正的剥了皮的牛，而且每一次演出都要更换，以使新杀的牛的新鲜感能带给观众震惊的效果。达利把这些看作

蕾丝编织者（模仿弗米尔）

The Lacemaker (after Vermeer)

1955年，布面油画

23.5厘米 ×19.7厘米

纽约现代艺术博物馆

在达利的这个版本中，对年轻女子的描绘在色彩上比原作更暗淡，但用色却更大胆，她的表情也比原作更有力量，眉毛更加显眼，嘴唇线条更为突出，对织物的细节处理也更细致。

是对加拉表达宗教一般的热爱的最好手段。

达利并不把自己限定在艺术的圈子里，像在美国一样在大众传媒领域里出点风头，也是他很乐意干的事情。这一时期，达利进攻大众传媒领域的最著名的“战例”就是《达利的胡子》——这是一本达利与摄影师菲利普·豪斯曼合作的摄影集。前面讲过，达利与豪斯曼在美国时就进行了富有成效的合作，而且一直持续到豪斯曼 1979 年去世。

说到胡子，达利从小就接受了加泰罗尼亚人关于胡子的阐述：长头发、长眉毛是艺术家的特征，胡子是艺术家的骄傲。达利把自己的胡子比作蝴蝶的触角，如同只有蝴蝶之王才会有那么长的触角一样，只有最出色的艺术家才会有他那样长长的上翘的胡子。

1954 年，达利的胡子奇迹般地疯长，以至于胡子的尖端超过了眼眉。只要涂抹了匈牙利胡蜡，那两撇胡子可以扭曲或指向任何方向。达利认为许多人来探访他，并不是为了他的伟大的画，而是对他优美的胡子感兴趣。

豪斯曼敏锐地意识到有责任拍摄下达利的胡子，当时一位出版商见到了最早的几幅关于达利胡子的照片，建议他继续深入并将其结集出书。豪斯曼于是去征求达利的意见：“关于你和其他画家的著作已经有了。但关于他们个人的某一部分——比如林布兰特的鼻子或毕加索的脚还未出现，如做一个商业化的尝试出一本有关你的一小部分的书，是不是一次冒险？”达利立刻同意了："没有人意识到我的胡子的商业价值，昨天还有电视台出价五百万购买播映我胡子十分钟的版权。"

摄影围绕着胡子，从各个角度和方面切入，充满了幽默的创意和奇妙的幻想。比如说有段时间，媒体报道说达利的胡子剃掉了，为向世人证明他的胡须茂密如常，他招来一架直升机，要拍一幅直升机吊起他的胡子的照片。他让豪斯曼卧在一片厚玻璃之下拍摄，自己站在玻璃面上方，这样似乎他就是悬在空中的一样。直升机在他头上数尺的地方盘旋，螺旋桨带来猛烈的旋风，吹得他站立不稳。直升机当然不会真的吊起达利的胡子，而只是用一根绳索连着胡子，然后做出把绳索拉直但并不让胡子受力的姿势。应该说，这次拍摄是有危险性的，如果直升机飞行员没有掌握好分寸，"蝴蝶之王的触角"就要折断了；但有了这个得意的想法，疯狂的达利冒着受伤的危险，最终完成了拍摄。

而且，在一些困难的拍摄中，达利表现出惊人的耐心和忍耐力，遇到挫折时没有任何的抱怨，为了拍摄那幅瑞士奶酪的照片，他与奶酪贴在一起，整整折腾了一个多小时。

《达利的胡子》出版时，在商业上并不是很成功，但几年之后它却受到了年轻人的喜爱。"达利的胡子"已成了一种象征，证明幻想和荒诞不仅仅是一种艺术风格，同时也是一种创作方法，有时甚至会是一种生活方式。后来，一位年轻貌美的女演员看过这本书后对豪斯曼说："这些照片给人一种冷冰冰的感受，只有在裸体表演时，才会看到这种表情。为什么你对这些照片感到很高兴呢？”豪斯曼答道：“因为它们证明了我们的生活所存在的超现实主义事物。”

在这本影集的背面写着这样一句话：“敬告！这本书是荒诞的。”但谁又能说，这种荒诞是毫无意义的呢？那些看似怪诞的画面，也许包含着比表面所记录下的更深刻的东西！

第 九 章

1964 — 1970

回顾，在变化的世界面前

当我将自己与过去伟大的名家
如弗米尔或委拉斯开兹相比较，
我自认为是一个艺术大劫难。
但是相反的，与当代的画家相较之下，
诚然，我是最优秀的；
并非我是非常好的画家，
而是其他的画家是如此的拙劣，
以至于无法跟我做任何比较。

题　记

时代在发展，年过花甲的达利不愿意成为一个落伍者，所以人们看到了达利新的艺术兴趣。在照相写实主义、波普艺术或者装置艺术等新的艺术潮流面前，达利的应对并不吃力；在新的技术变革中，达利像当年关注“量子理论”和“核神秘”那样关注起生物 DNA 理论和全息照相技术，并把它们运用到自己的绘画之中。但是，达利是在背负着自己那辉煌但又沉重的过去前行，而且人们似乎也是对他的过去更感兴趣，所以，“回顾”逐渐成为达利和这个变化着的世界之间最重要的沟通方式，一个又一个的回顾展在世界各地举行。这是一个很有意思的悖论：达利依然想站在世界的最前端享受崇拜，世界却对达利说，你要我们崇拜你吗？那好，向后转，给我们讲讲那些过去的事情吧。

一

世界在变化，艺术也发生着从现代主义到后现代主义的转变。二次世界大战之后，随着着力于抽象表现主义的“纽约画派”的产生，西方现代艺术中心从巴黎转移到了纽约。如果说，杜尚式的后现代艺术，主要是在对传统进行解构和反讽，是在“破”的话，那么诸如照相写实主义、视幻艺术、波普艺术、行动画派、装置艺术等新流派的兴起，则是从正面反映了艺术在变化着的世界中的状况——后现代的商业气息和机械复制状态。

照相写实主义又称精确主义，追求把绘画作品画得如“照片”一样精确，代表者是美国画家怀斯。视幻艺术又称“欧普艺术”或者“光效应艺术”，追求通过几何图形和色彩让人的视觉产生偏差和幻觉。装置艺术则是利用现成品的“拼贴”而成，特别乐于反映世界的零散状态和物质性的一面，比如劳申堡的作品。

“行动画派”和“超现实主义”有着密切的联系。以杰克逊·波洛克为代表，行动绘画艺术家们不再像传统艺术家那样追求再现，而应该关注内在精神和情感的自由表达，超现实主义“自动写作”的思想被他们运用到绘画上，让画笔随着自己无意识的行动移动，尽量避免有意识的控制。波洛克自己坦言：“一旦我进入绘画，就意识不到我在画什么。只有在完成以后，我才明白我做了什么。”绘画作品成为画家由情感所支配的行为的直接记录。而在技巧上，他吸收了印第安人创作沙画的方法，用“滴洒”的手法创造了一种“满幅”的构图风格。我们知道，传统的西方绘画，往往都有一个备受关注的视觉中心，而在波洛克的画面上，这种差别消失得无影无踪，所谓画面的中心，已全然无迹可寻。画面散漫无际，全面铺开，毫无主次。

波普艺术出现在20世纪50年代中后期，按照美国艺术家利希滕斯坦的说法，“把商业艺术的题材用于绘画就是波普艺术”。它取材通俗，视觉图像简单直接，并且排除个性的流露，带有高度类型化的气息。在波普艺术家眼中，艺术就是生活，生活就是艺术。它可以直接以现实生活中的物品为题材，而生活中的物品也可以直接成为波普艺术作品。在波普艺术中，最有影响和最具代表性的画家是安迪·沃霍尔和利希滕斯坦。安迪·沃霍尔把那些取自大众传媒的图像，如坎贝尔汤罐、可口可乐瓶子、美元钞票、蒙娜丽莎像以及玛丽莲·梦露头像等，作为基本元素，用它们在画上进行机械复制和排列。他试图完全取消艺术创作中手工操作因素，对于他来说，没有“原作”

可言，他的作品全是复制品，他就是要用无数的复制品来取代原作的地位。他有意地在画中消除个性与感情的色彩，不动声色地把再平凡不过的形象罗列出来。他有一句著名的格言："我想成为一台机器。"利希滕斯坦的绘画则戏仿了通俗卡通画的模式，他的所有作品都用丝网印刷技术制作，形象可以无数次地重复，给画面带来一种特有的呆板效果。实际他们作品中特有的那种单调、无聊和重复，所传达的是某种冷漠、空虚、疏离的感觉，表现了当代高度发达的商业文明社会中人们内在的感情，这是一种典型的后现代状态。

当纽约成为新的现代艺术中心的时候，达利离开了美国，而且自己的艺术也从超现实主义向着某种更传统和古典的风格回归，但这并没有阻碍达利对新艺术潮流的兴趣。首先，从自身的艺术经历来说，达利对于上述的新潮流并不陌生，前面提到达利的雕塑作品《追忆往事的少女胸像》，以及他为纽约第五大街布置的橱窗，都是一种类似"装置艺术"的尝试。对于追求精确的照相写实，达利更是驾轻就熟，而且在他的宗教主题的作品中，作为一种艺术技法，照相写实已经运用其中了。达利虽然没有什么直接的波普艺术的作品，但他对这一流派的艺术思想并不排斥。1965 年，他画出了《美元崇拜》，其中的主题和安迪·沃霍尔的"美元作品"有着内在的一致性。其次，达利并不只把自己封闭在宗教或者神秘主义之内，他一直高度关注着超现实主义之后的各种艺术倾向，在一系列的谈话录和文章之中，达利时常会对诸如波洛克、安迪·沃霍尔、德库宁、马松等艺术家的思想和作品发表看法。

达利应对变化的世界的方式并不只是这些“被动”的、“二手”的方法，他还从现代科学技术的新成果中主动地获取灵感，带有原创性地把它们应用到艺术创作中。20 世纪 60 年代，美国科学家沃森因为成功地发现了脱氧核糖核酸（DNA）的分子结构而获得了诺贝尔奖，在达利的眼里，这项发现对于整个世界的意义绝不亚于量子力学的成就和 40 年代原子弹的爆炸。就像当年从核物理中发现了“原子美学”一样，达利从这项生物学的成就中也读解出一种美学的力量。

1966 年和 1967 年两个完整的夏季，达利都在画一幅名为《捕金枪鱼》的作品。这幅作品带有一种“总结”和“杂烩”的意味，因为它表现了作者在超现实主义、“矫饰风格”（现代巴洛克艺术）、行动绘画、波普艺术、视幻艺术等多方面的兴趣。比如，作品全幅铺开，乍看上去非常杂乱，这就有“行动绘画”的意思；现实中人物照片被直接应用到绘画中，波普艺术的色彩又很明显，冷暖色彩的大面积聚集又有视幻艺术的影子；现实、幻想和神话传说中的人物和情景结合在一起，这是超现实主义的路数；人物形象和大海环境上的处理，夸张的色彩，扭动的带有螺旋线条的人体，过度装饰的气息很明显。不

美元崇拜

Apotheosis of the Dollar

1965年，布面油画

300厘米 ×400厘米

菲格雷斯达利剧院博物馆

在这幅画中，达利展现了伴随其一生的对神话的痴迷。左边的是打扮成路易十四的杜尚，其上是华托笔下的琵琶演奏者；在右边画了自己和加拉，还有但丁笔下的比阿特丽丝，向上可以看到拿破仑战败的军队。

过，这些都还不是达利创作这幅作品的初衷——他在宇宙理论和 DNA 理论的刺激下，想去表现一幅生物学的美学奇观。

这幅作品有一个副标题——对梅索里埃表示敬意。梅索里埃是法国 19 世纪学院派沙龙画家，其画风被称为“摄影式的历史插图”，达利认为梅索里埃是个伟大的天才，是法国神秘主义绘画的伟大酿造者，他是第一个把分离粒子概念引入风俗画和风景画的艺术家。在一种神秘主义观念的影响下，达利甚至认为梅索里埃任何一幅油画的总体效果都是与当代物理学的最新发现相一致的，梅索里埃与爱因斯坦正相反，并在他之前就认为时间和空间都不能作为独立的概念而存在。达利认为，正是由于时间和空间的有限性，导致了宇宙的有限，这些使得能量的聚集成为可能。达利描绘人在大海上捕杀金枪鱼的情景，使得有限的宇宙把能量聚集到了这个场景之中，所以它的所有成分都要释放能量，从而使画面呈现出上面那种纷杂矫饰的面貌。其中，大海是深蓝色的，但却以血的红色告终，大海和血，分别是生物的起源地和生命的象征，人体和流出的血液中的海藻螺旋体，就是 DNA 的形状，是一种现代生物学解释下的能量和生命的载体。进而，达利描绘的捕金枪鱼的场面，即一幅风俗画，又是一个从宇宙理论和现代生物学意义上出发的象征性故事——这个令人恐怖的能量的故事，正是达利关于人和生命的思考。达利说，《捕金枪鱼》是他画过的最不凡的作品，

捕金枪鱼
Tuna Fishing
1966—1967，布面油画
304厘米×404厘米
私人收藏

这幅作品描绘了人类对大型鱼类的猛烈袭击。长长的金色匕首刺伤水生生物，使蓝色的海水变成血红色。对达利来说，鱼和猎捕鱼类的人都是宇宙的化身，代表了世界有时可能存在特定且疯狂的压缩空间。

它与藏于美国现代艺术博物馆的《记忆的永恒》同样重要。

在达利20世纪60年代的作品中，除了这一幅，另外一幅画于1968年到1970年间的《引起幻觉的斗牛士》也非常突出。在作品中，达利表现了他对诺贝尔奖得主丹尼斯·伽伯的最新发明——全息摄影术的兴趣。达利利用视幻艺术的手法，在视觉形象叠加之中，造成一种类似全息摄影般的“立体”效果。他把西班牙斗牛士的多重影像和多个维纳斯的雕塑融合在了一起，斗牛士那清俊的面庞正好是维纳斯曲线玲珑的上身裸体，而维纳斯下身裹着的衣服，变成了斗牛士的衬衫和领带。斗牛士的服装，特别是帽子上和肩部镶着的五彩金属扣和庞大的古希腊剧场的五彩地砖融合在一起——整齐排列、密密麻麻的色点给画面笼罩上了十足的梦幻气息。有意思的是，达利在其后来的青铜雕塑作品中也有一件叫《斗牛士的迷幻剂》，

引起幻觉的斗牛士
The Hallucinogenic Toreador
1968—1970，布面油画
398厘米×299厘米
佛罗里达圣彼得堡达利博物馆

他把几个不相适宜的东西组合在了一起，手持斗篷的斗牛士，他的脸却藏在一个从他的肩上高高竖起来的小号里。据说雕塑没有别的目的，就是为了引起人们的幻觉，看来达利是想在“斗牛士”和“幻觉”之间建立某种神秘的、必然的关系——前者是最具有西班牙民族特征的文化符号，后者是达利自己喜好的表达非理性的手段，两者的结合也是自然的事情。

这幅画的整个场景都包含在一个斗牛场中，淹没在红色和黄色的色调之下，暗示着西班牙国旗的颜色。在左上角画有加拉的肖像，意为这是为她献上的作品。右下角有一个穿着水手服的男孩在观看整个场景，他代表了达利自己。

二

达利本人并没有停下艺术创新的前进脚步，但人们却已经开始迫不及待地为他做总结了。从 20 世纪 60 年代开始，世界范围内的“达利作品回顾展”在规模和次数上要远远超过“达利近作展”。对此，达利似乎并不介意，毕竟，世界各地的人们争着为他办回顾展，争着把他当作当代最重要的艺术大师来崇拜，这是他乐于接受的事情。

1964 年，达利的作品首次来到了亚洲，来到了日本。我们知道，随着经济和社会的发展，日本在 1964 年举办了东京奥运会。体育和文化艺术往往联系在一起，在这届奥运会之前，包括《米洛的维纳斯》在内的一大批西方古典艺术品在日本展出，盛况空前，在日本掀起了一次西方艺术热，而在奥运会期间，日本的重要媒体每日新闻趁热打铁，组织了达利作品回顾展。

展览的规格很高，东京的开幕式由日本亲王主持，达利和加拉一同出席，之后在名古屋、大阪的展览同样受到了当地观众和媒体的追捧。这也是达利生前在欧美之外举行过的唯一一次大规模展览。后来到 2002 年，从东京开始，然后依次在中国的香港、北京和上海举办的达利作品亚洲巡展的规模才超越了这一次，而这几乎经历了漫长的四十年。应该说，东京回顾展的成功还在于达利找到了自己和日本之间的某种联系，他的“原子时代”以及“核神秘”主题的作品就是受到广岛原子弹爆炸的刺激而形成的，他在展览致辞中特别提到了这一点。当然他也应景地说了一些关于战争与和平之类的话，博得了东道主的一些好感。那个时代，刚刚崛起的日本依然有着深刻的“核记忆”，在文化上又渐渐形成了一种浓厚的“崇拜西方”的潮流，所以当他们看到或听到来自西方艺术家以此为主题的艺术作品的时候，总是显得很激动的样子，就像 60 年代初法国导演阿兰·雷乃根据法国女作家玛格丽特·杜拉斯的小说制作的电影《广岛之恋》在日本公映时的反响一样强烈。

紧接着 1965 年到 1966 年，纽约的现代艺术博物馆又举办了一次规模空前的达利作品回顾展，它集中了三百六十六幅达利各个时期最好的一些绘画和素描，其中相当一部分来自雷诺兹·莫尔斯夫妇的收藏，这些作品很多都是以前从来没有展出过的。我们还记得 1941 年，当达利来到美国之后不久，纽约和其他十几个州都举行过达利作品的回顾展，这一次，达利像一个更加富有的王者一般归来，迎接他的依然是人们的欢呼和热情。1969 年，达利在纽约克诺德勒画廊举办了一次近作展览，展出了 20 世纪 60 年代的一些作品，展览过后，这些新作和达利回顾展的很多作品一起长久地留在美国，构成了后来美国克利夫兰达利博物馆的主体。

1970 年，荷兰鹿特丹的伯尔曼－凡·比宁根博物馆举办了达利在欧洲的首次主要作品回顾展，展出的是英国收藏家爱德华·詹姆斯的收藏。这位英国皇室成员曾经在 20 世纪 30 年代买断过达利的作品，所以这次展出的一些作品，比如《中度偏执狂的想象》《地质学的公正》《太阳桌》等，在画成之后连达利自己也没有再看过。画展开幕之前，达利看着工作人员在往墙上挂画，他像一个提前进场的普通观众那样，注视着这些作品，就像是突然之间见到了失散多年，甚至已经快要被自己遗忘的亲人一般，想到三十多年前自己一笔一笔画出它们的情景，达利的内心甚至比刚刚画完时还要激动。

这次欧洲回顾展的成功远远超出了组织者的期望，来到伯尔曼－凡·比宁根博物馆的观众人数之多，竟然达到了主办方必须控制门票数才能保证博物馆秩序的程度。观众之中，有所谓的艺术爱好者，但更多的是普通的年轻人。在欧洲 20 世纪 60 年代末兴起的“学生造反”运动的影响下，这些年轻人是被达利早期作品中那种反抗和嘲弄传统和规则的精神吸引而来的，他们力图从那些他们看得懂或者看不懂的作品中，寻找生活中不存在的梦幻般的形象，以及他们理想中真正的世界和宇宙。从某种意义上说，达利并不是一个在思想和行为上批判社会的人，更谈不上革命，但从达利受到青年人喜爱的现实中，我们或许可以得到这样的启发：艺术效果和艺术家的政治态度之间往往是不一致的，艺术上的特立独行和开拓创新有时候本身就具有一种天然的革命力量，这是美学的革命。

在此之后，1974 年在德国的法兰克福斯塔德博物馆，1980 年在伦敦泰特美术馆又分别举办过达利主要作品的回顾展，同样也是热闹的情景。

说到这里，我们发现了一个奇怪的现实：为什么在当年超现实主义运动乃至达利艺术生涯中扮演过重要角色的法国巴黎，竟然没有举办过一次达利回顾展呢？这其中一个重要的原因还是达利和超现实主义团体之间的矛盾，以及法国艺术圈对达利当年政治态度的反感。其实，达利回到欧洲之后，和巴黎的联系已经不再像战前那么紧密了，而且，回到法国的那些超现实主义者以及他们的继承者们时常还对达利进行一些口诛笔伐，而这些人又是构成战后法国艺术圈子的中坚力量。比如说，1960 年法国的超现实主义者们发表了《我们听到的不是那样》一文，对达利的政治态度、艺术倾向乃至为人处世等方面进行了严厉的批评，以反对达利参加在纽约举办的国际超现实主义展览。

达利和法国艺术圈之间的这种微妙关系甚至一直延续至今，2004 年是达利 100 周年诞辰纪念，世界许多国家都举行了“2004 达利年”的纪念活动。比如在威尼斯帕拉佐·格拉西

佩皮尼昂火车站

The Railway Station at Perpignan

1965年，布面油画

295厘米 ×406厘米

科隆路德维希博物馆

戴着荆棘头冠的基督是构图的中心，右侧尖锐的农具和基督流血伤口相互联系。绘画左侧搬运小麦袋子的夫妇代表劳动，冥想姿态的男人体现了尊重；右侧的男人和女人代表情欲，祈祷姿态的女人代表哀悼。

展览馆举行的达利作品回顾展，西班牙国王卡洛斯一世和索菲亚王后也亲自赶到意大利，参加了展览的开幕仪式。西班牙各地和维也纳、鹿特丹等欧洲城市都举办展览，纪念这位享誉世界的杰出艺术家，作为欧洲艺术之都的巴黎对此却并不是很积极，整个法国只有佩皮尼昂这个小城积极参与——佩皮尼昂除了举办纪念活动之外，还和西班牙的加达凯斯与菲格雷斯这两座达利家乡的城市签订了合作协议——其原因是 1965 年达利画过一幅叫作《佩皮尼昂火车站》的神秘主义作品，达利说他在这里感受到了“宇宙的魔力”，并把这个车站称为“世界的中心”。

有意思的是，这个时期达利和法国之间在商业上的联系却异常频繁。达利曾先后为皮埃尔公司、朗文巧克力公司和法国铁路创作商业招贴画。最有意思的是达利还为朗文巧克力拍了一系列电视广告。其中最有名的一则广告中，达利面向摄像机快速转动着眼珠子，然后用煞有介事、带有神秘色彩的口吻说了一句广告词：“我疯了，不折不扣地疯了，正是为了这种‘朗文巧克力’。”这件事现在已经成了关于达利的众多典故中的一个，用以代表达利在商业以及以电视为代表的大众传媒中的典型形象。

达利依然热衷于写作，经过在不同语言环境里的生活，他已经可以把西班牙语、加泰罗尼亚语、法语和英语混合在一起写作，虽然他的英语水准据说并不高——用一种混合语体写作，这成了达利表达他那复杂的人生的最合适的方式，这是另一种形式的回顾。

从 1964 年开始，达利陆陆续续与阿兰·博斯凯进行了十次谈话，然后整理成了《达利谈话录》出版。对话涉及的内容非常庞杂，也没有什么内在的统一性，很多的时候，达利是在用一种非常主观、非常独断的方式表达他的想法。那些言语，有些可能是出于达利的真实观念，有些可能只是他显示他的机智幽默或故作惊人之语的结果而已。

当阿兰·博斯凯问达利，他接受来自佛朗哥的大十字勋章，是不是意味着对在西班牙内战中被佛朗哥军队杀害的好友洛尔卡的背叛的时候，作为一个堂而皇之的背叛者，达利说："作为菲格雷斯的资产阶级律师家庭的儿子，我一生都过着公开背叛我所属的那个阶级——资产阶级的生活。我总是在吸取贵族统治和君主制度的美德。我是个绝对的君主主义者，同时，我是个无政府主义者。无政府与君主制势同水火，但两者的目的都是为了绝对权力。我从佛朗哥手中接受天主教的伊莎贝拉勋章，只不过因为苏联从未给我颁发列宁奖章，我会接受列宁勋章的，我甚至会接受来自毛泽东的勋章。"

阿兰·博斯凯问达利："如果你不得不烧掉你所有的绘画，而只留下一件，那该是哪一件？"

达利回答说："一件也不烧。"

阿兰·博斯凯问达利："你喜欢与哪一个著名的女人过夜？"

达利回答:“一个也不喜欢。我常被问到这个问题。我对加拉百分之百地忠实。至于我下午的那点点手淫，好了…… 它们是为了满足我的怪淫癖，但没有人敢碰我。”

这本书通篇充满的都是诸如此类的对话，毫无疑问，它成了人们用一种简洁的方式检视达利在政治、艺术、爱情乃至私生活等方面的途径。

《达利的激情》是这方面的又一产物，1968年达利和路易斯·鲍威尔合作写成这本书，达利还为这本书绘制了插图《色欲的化身》，从弗洛伊德“力比多”即“原欲”的概念出发，回顾和分析了自己的性格发展和人生轨迹。1969年代表达利“偏执狂批评”方法最高成就的《色情的变形》出版，为他从超现实主义时期就一直宣扬的艺术理论做了一个全面的总结。1970年，为了给即将建在家乡的达利剧院博物馆做一个文字介绍，达利写作了《达利眼中的达利》。1971年，达利出版了第一本著作选集《达利，对》，收录了他各个时期的代表作品。这些文字，以及达利以前的作品，让人们很难再仅仅把他看作是一个单纯的画家，从这些文字中透露出的作者的文学才能，从某种程度上说，使得“作家达利”甚至并不比我们熟知的某些现代作家逊色，所不同的是，“作家达利”的写作素材从来就没有离开过他自己。

第 十 章

1970—1982

达利博物馆

我并不擅长谦虚。

题　记

世界上最重要的“达利博物馆”有三个，两个现在依然可供人们参观：一个是1971年在美国克利夫兰开馆的达利博物馆，它于1982年迁入佛罗里达州圣彼得斯堡，成为达利美术馆；一个是1974年建在达利家乡菲格雷斯的达利剧院博物馆。整个20世纪70年代，达利的很多精力都放在这两座博物馆上。第三个“达利博物馆”随着时间的消逝自1982年就已经不在这个世界上了，但是人们通过从那里得到的一些信息和线索，可以对达利产生更清晰的认识，而且，比起前两个博物馆，达利自己似乎也更珍视这一个——这个“博物馆”不是别的，就是加拉：她是人们了解达利情感、内心和精神世界的“博物馆”。

一

在美国建立达利博物馆，这是早在 1965 年达利美国回顾展的时候就已经定下来的。这件事情积极的推动者是美国收藏家莫斯夫妇，当然还有达利和加拉。对莫斯来说，他手头几百件达利的作品总是放在银行的保险库里，不是长久之计，而且他从达利回顾展中感到大众对达利艺术品的热情会长时间地存在下去，与其一次又一次地办临时性的展览，还不如一劳永逸地为这些作品建造一个家园。对达利来说，这也是一件很有吸引力的事情，加拉告诉达利，建立一座只关于他一个人的博物馆，就像他们当年在加达凯斯建造“利加特港宫殿”一般意义重大。

1971 年，在莫斯的努力下，美国克利夫兰博物馆专门辟出了一片空间，用于长久放置达利的艺术品。这是世界上第一个关于达利的永久性博物馆，它不是出现在西班牙也不是在法国，而是在美国，这很有意味：我们虽然很难说美国是达利的第二故乡，但在达利的艺术生涯中，美国岁月正是其发生重要转变的时期，这一时期的作品数量极大，而且既是对前期超现实主义风格的集大成，又具有了后期古典风格的影子。更重要的是，达利是在美国时期，奠定了其“大众艺术家”的形象的，发达的大众文化是美国区别于欧洲的地方，那里的人们对于达利的兴趣和需求似乎也更大。

可能是因为克里夫兰博物馆分配的空间过于局促，让关于达利的很多展览活动很难施展，在佛罗里达州圣彼得斯堡市，从 20 世纪 80 年代初期开始，莫斯就亲自主持创建了达利美术馆，他把绝大多数藏品都从克利夫兰转移到了风格独特、设计精巧、空间广阔的新展厅中了。新馆的开馆仪式在 1982 年年初举行，这时达利刚刚从上一年的大病中康复过来，但他还是出席了开幕仪式。2004 年，当全世界都在办达利诞辰百年纪念展的时候，这里也不例外，只不过它举办的是主题为“达利与大众文化”的展览，这一侧重正好代表了达利艺术和美国社会的关系中最重要的一面。

几乎就在克利夫兰博物馆开幕的同时，达利的家乡菲格雷斯政府也开始筹划建造一座“达利剧院博物馆”。这里原来是一所剧院，达利为加拉买下了这所房子，然后把它改造成了博物馆。达利几乎没有为它花什么钱，所以与其说是购买，还不如说是菲格雷斯市政厅对达利的赠送。这座博物馆的建筑师是一个叫埃米里奥·皮耐罗的年轻人，在博物馆刚建成不久就去世了。达利也参与了这座博物馆的建筑和装潢设计，并亲自画

佛罗里达圣彼得斯堡达利博物馆外观和周边的长椅充满了达利式的奇幻风格

了名为《风的宫殿》的顶棚壁画，并说这组壁画一部分是为了表达对那位英年早逝的天才建筑师的敬意。到 1974 年，菲格雷斯达利博物馆正式落成对外开放，其后因为每年都会迎来几十万人次的参观，它竟然成了整个西班牙继马德里普拉多美术馆之后的第二大博物馆。

去西班牙菲格雷斯旅游的游客，如果是开车或者坐汽车前往，不用进城，一下公路就能看到一幢扎眼的建筑，那就是达利剧院博物馆。说它扎眼，是因为它的外形和颜色十分醒目：博物馆的外墙整体上采用的是被欧洲人称为“波尔多红”的鲜艳红色，可能是因为这种红色能让人联想到波尔多酿出的红葡萄酒；墙上规则地镶嵌着许多金色的半球体，就像是中国紫禁城的宫门。最让人惊奇的是博物馆的屋顶——屋顶上矗立着达利设计的一个个巨大的“白色的鸡蛋”，还有着巨大的玻璃顶棚，它们一起在阳光下熠熠生辉，夺人眼球。

这座博物馆所收藏的达利作品的数量仅次于达利在家乡菲格雷斯亲自设计的达利剧院博物馆的藏品数量。

由于这是达利自己所有的博物馆，

佛罗里达圣彼得斯堡达利博物馆内景

所以这里拥有的最多的艺术品并不是其早期的作品，其样式也不主要是绘画，因为以前的绘画作品都成了那些收藏家和艺术赞助人的私人物品了。这里最多的作品是一些“可以复制”的装置艺术，一些对早期绘画主题的重写和一些后期创作的绘画和雕塑。

走进博物馆的大门，在大厅的天井下，有两件达利的“装置艺术”作品，一件是在老式的凯迪拉克汽车的车头上有一个女人的雕塑，汽车的车窗玻璃上满是弹孔。另一件叫作“多雨的出租车”，是一个高高吊起的加达凯斯渔民出海捕鱼用的旧船，上面担着渔网。

另一个著名的装置作品是完成于1974年的以30年代绘制的《梅·韦斯特头像》为雏形的《梅·韦斯特之屋》。以前达利在绘画中用“双重影像”的视角表达了一个绝妙的想法：把一个女人的面孔和一间寓所统一起来——女人的头发是进入这个房间前门边挽起的窗帘，女人的眼睛是挂在墙上两幅对称的

这个带有螺旋楼梯的玻璃入口被称为“谜”，和达利的超现实主义风格相当契合。其他的墙壁由厚厚的混凝土构成，旨在保护场馆免受飓风的损害。

Hotel Empordà
Hotel Los Angeles

达利剧院博物馆
充满童话感的外观

正如其名，这座建筑曾是一个剧院，在西班牙内战期间被烧毁，仅保留下一个美轮美奂的新古典主义建筑的基底。达利本人负责了博物馆的设计项目，内部还有他最后生活的房间和墓室。

画，女人的鼻子是壁炉以及壁炉上的摆设，女人的下巴是房间里的台阶，女人的红唇是沙发。现在，达利有了自己的空间，他可以在现实而不仅仅在画布上实践这个想法了，沙发、壁炉和窗帘等拟人化元素使这位美国女演员的头像成为一个充满了好莱坞式的情欲与喜剧的空间环境。

看来，对于以往的艺术感觉，达利充满了“怀旧”的情绪，特别是在这样一个自己一手建造起来的、关于自己的博物馆里。关于这一点还有两个例子：达利复制了一个“追忆往事的少女胸像”，放在博物馆显眼的地方；他还用青铜雕塑多次重复了《记忆的永恒》中软表的形象。当然，这里必不可少的还有关于加拉的肖像画。

达利参与了博物馆的建筑项目以及所有的细节工作，建筑的外部保留了新古典主义风格，但被大胆的雕塑作品所装点，使博物馆的室外也成了展示奇幻作品的舞台。

对于达利剧院博物馆，有一件作品必须得说，那就是顶棚画《风的宫殿》。这一系列作品一共有上下两幅，一同构成了博物馆贵宾厅的顶棚。作品的上幅被命名为《达利式的黄金雨》，下幅有

达利剧院博物馆的《风的宫殿》天顶画

博物馆中的画作、雕刻、家具、装饰和所有其他艺术品都被精心地组合起来，使这里的每个空间都变成一件艺术品，很多展厅的墙壁和天花板都被巨大的壁画所覆盖，一些是原版，另一些则是原版的放大版。

一个长长的充满诗意的名字——《每当东风访问嫁与西风的女儿时，总是挥泪而归》，实际上这个名字正是取自达利自己写作的“加泰罗尼亚组诗”，他把地中海气候中如果东风瞬间变为西风，天就会下雨的自然现象拟人化了。在《达利式的黄金雨》中，达利表现了一群先前在达利的舞台剧创作中出现的演员正在演出最后一幕的情景，画面雄壮，气势宏大，光线通过天穹从上方射下来，照在飞沙走石的地面或舞台上。《每当东风访问嫁与西风的女儿时，总是挥泪而归》中，最下方是达利和加拉并肩凝视西班牙安普尔旦大平原景色的背影，画面中部还有达利和加拉的签名。在画面主体的构图上，不同的风的象征一一出现，最上方经过的那个巨大的形象是北风，下面是旋风，中央那个身体被戳了个洞的人是东风，左边那个逃到地中海女神身体中的是西风。整个画面充满了史诗一般的气度。

看到这两幅整体气势庞大、细节却又极其精致的天顶壁画，我总是不自觉地想起文艺复兴时期米开朗琪罗绘制西斯廷教堂天顶壁画《创世记》的典故。米开朗琪罗绘制《创世记》原本是出于教廷和政府的胁迫，而非自愿，但当他真的开始做的时候，却把内心中的悲愤化作了动力，他每天在脚手架上仰头作画，不让任何助手帮忙，以至于完成后，年仅三十七岁的画家身体驼背，视力下降，在看书和信笺的时候，只能把它们放在头的上方，仰头去看。画完《创世记》后，像达利一样颇有文学才能的米开朗琪罗写下了这样的诗句：

我的胡子向着天，
我的头颅弯向着肩，
胸部像头枭。
画笔上滴下的颜色，
在我脸上形成美丽的图案。
腰缩向腹部的位置，
臀部变作秤星，
维持我全身重量的平衡。
我再也看不清楚了。
步履也突然间变得蹒跚。
我的皮肉，在前身拉长了，
在背后缩短了，
仿佛一只叙利亚的弓。

和当时中年衰老的米开朗琪罗相比，此时的达利虽然已经年届古稀，却似乎依然精力充沛；不是悲愤给了达利力量，而是为自己和加拉建造一座供人长久景仰的博物馆的诱惑给了他毅力，如同他自己所说，这是“欲望的力量”。从事件的外在形态上说，达利和文艺复兴时期的古典大师有着某种相似之处，但从本质上说，达利要比米开朗琪罗幸运得多。这就像是达利口口声声说自己是一个古典主义者，但实际上却比现代主义者更现代一样。

二

两座达利博物馆建成之后，达利与这个世界之间的联系又多了新的途径，这似乎又一次刺激了达利的创作激情，让他完成了新的绘画、雕塑、设计和书籍，反过来，他又可以把一些新的成果拿回到自己的博物馆里去展览，这种良性循环给达利的艺术生命带来了最后的辉煌。

首先，达利对于全息技术的兴趣在这个时期得以实现，1973 年他在纽约展出全息图作品，1978 年纽约古根海姆博物馆又展出了达利的第一批立体视错觉作品，这些作品中的相当一部分后来都拿到克利夫兰博物馆展出过。

其次，达利在画油画之余，从来没有停止过画素描和水彩画，这主要是用于书籍的插图。现在达利又多了一个手段，他从 20 世纪 60 年代末开始重新拾起早年掌握的“蚀刻版画”技艺，并在 70 年代绘制了大量这一类型的作品，还专门在纽约举办过一次蚀刻版画展。1973 年达利为自己出版的新书《十副长生不死的处方》和《国王我在巴比伦等你》绘制的插图，用的就是这种技法。也是在这一年，他创作了一幅很有意思的版画——《加拉的晚宴》。我们知道达利生长在以美食著称的西班牙加泰罗尼亚地区，而且童年时期就有当厨师的梦想。从这幅作品中，我们能看出：即便是到了晚年，达利仍然对美食念念不忘，版画上出现的食物丰盛而又逼真，我们甚至能猜想出达利是带着对美食的向往和回忆、流着口水制作完这幅作品的。更有意思的是，两年后，达利居然根据这套版画制作了一本食谱。

再次，雕塑在达利后期的艺术中占有重要的地位。从 1977 年开始，达利集中创作了一系列青铜雕塑作品，包括《时间的轮廓》《时间的贵族气息》《抽屉人》《空间维纳斯》等，前两者是对《记忆的永恒》的主题再次探讨，只不过晚年的达利事隔多年之后再次探讨“时间”，更富有象征意味。《空间维纳斯》中的维纳斯没有面孔，一只软表、一个鸡蛋、两只蚂蚁把它的身体分成上下两截；从颈部垂下的软表，显示了肉体的短暂和美的永恒；鸡蛋和蚂蚁都是外硬内软的事物，象征着生命的内在欲望和激情。

达利作品与弗洛伊德的精神分析理论的关系总是或明或暗地贯穿始终。为什么达利的作品中一再出现带抽屉的人像？这有什么深意吗？他自己对于抽屉的解释是：它们与弗洛伊德精神分析理论有关，这个理论认为儿童天生对封闭空间充满了强烈的好奇心，促使他打开抽屉；一是要满足探索未知物的欲望，

空间维纳斯

Space Venus

1977年，铜

高124厘米

私人收藏

这件雕塑的基础形式是一个女性的躯干，其中又添加了四个达利的代表性元素：软钟表、蛋、蚂蚁和分割的身体。用软钟表代替头部，表达了肉体的美丽是暂时的，而艺术的美丽是永恒的。蛋代表着生命的延续和未来。

二是要排除这件未知物可能造成伤害的恐惧。弗洛伊德还认为，抽屉也代表了女性潜藏的性欲。达利“带抽屉的人像”把人看成由一个个抽屉拼接而成，这实际上是在对人的主体性进行着欲望的解构。

另外一些雕塑也值得一提，它们表达出了达利对整体的人类特质和境遇的哲学思考。比如在《鸟形人》中，达利将两块不协调的部分并置在一起，用苍鹭的头取代了人的头像，人头像是人体与动物体最为不同之处，达利以无法思考与学习的鸟头代替了人类的头颅，而且表示出他们无法创造艺术和欣赏艺术，这完全是对人类的一种嘲讽。在《向牛顿致敬》中，达利对牛顿因垂落的苹果而发现的自由落体定律的敬意，是通过一件铁物与线来表达的。达利似乎在用这个形象暗示人类：尊敬的伊萨克·牛顿，你已经变成了科学史上的一个名字而已。为了准确传达这个意图，达利在人体上穿了两个洞，一个洞代表牛顿的缺失，另一个则明显表示无心无肺的人类。《蜗牛与天使》这件雕塑有重要的位置，是因为它记载着艺术家与哲学家弗洛伊德的结识。还记得达利和弗洛伊德的会面吗？据说，见面那天，达利在弗洛伊德家外见到一只蜗牛爬在自行车上，这让他一下子就想到蜗牛如同人类的头部，特别像是弗洛伊德的头部——因为蜗牛壳有如鸡蛋一般内软外硬，象征着生命的内在欲望和激情，而懒散的蜗牛又只是时光匆匆逝去过程中的一个符号，如同人在历史中的境地一般。时间有如长着双翼的上

鸟形人

The Birdman

1977年，铜

高124厘米

私人收藏

雕塑平滑抛光的身体与不自然的头部形成对比。达利在人物背部加上了不明原因的布条，强调了现代人对物质财富的依赖。

向牛顿致敬

Homage to Newton

1985年，铜

高388厘米

新加坡大华银行大厦

悬挂球体既代表牛顿在万有引力上的贡献，也代表心脏。开放的头脑也是雕塑的关键，没有开放的态度，科学是不可能进步的。同样，没有开放的心，想要成功也是不可能的。

蜗牛与天使

The Snail and the Angel

1977年，铜

高44厘米

私人收藏

蜗牛柔软的身体和坚硬的甲壳代表男性和女性的同体，象征恋爱关系的和谐完美与时间的缓慢流逝，即使是飞翔的天使也无法将其超越，而天使手中的拐杖是软弱的象征。

帝信使，它在蜗牛的背上轻轻地一抚，就像是上帝把他的光辉照射在人类的头颅上，虽然转瞬即逝却又意义持久。

达利除了把他这一时期的雕塑拿回菲格雷斯展出，还在达利剧院博物馆办了好几次珠宝和香水设计展。著名的香水“我自芳菲”就是在这里第一次展现在人们面前的。1981 年，达利在绘制一幅名叫《维纳斯的幻影》时认识了一些商人，他们来自刚刚成立的法国香槟省法兰克斯国际香水公司，他们想请达利为公司设计一款香水。达利就着未完成的画布勾勒出他对新香水瓶的构思，并且在完成的作品中保留了它。“我自芳菲”这款香水的瓶身设计就是达利画中维纳斯的鼻子和嘴，而香水主要成分是由玫瑰组成，因为加拉偏爱玫瑰的香气。

在这个时期，还有几件关于达利的事是值得纪念的。

其一：1978 年达利当选为法兰西学院的外籍美术院士。我们知道，法兰西学院最早建立于法王路易十四时期，是中央集权的政治体制在艺术领域中的体现，后来社会环境虽然发生了变化，但法兰西学院作为艺术地位和权力象征的情况并没有多大改变。作为一个整体，法兰西学院享有绝对的权威，作为个体的院士，拥有巨大的荣誉。在一个艺术领域中只设一位院士，直到前一位去世，才可以替补新的，再考虑到因为政治态度等一些原因导致战后达利和法国艺术圈子的龃龉，达利能被推选为法兰西学院的外籍美术院士，实在是一件不容易的事情。

其二：1980 年，达利向马德里的札苏尔拉宫赠送西班牙国王卡洛斯的肖像。这可能是达利所绘制的最后一幅人物肖像画。在我看来，与其说达利很荣幸地获得了为帝王服务的机会，还不如说达利把拥有他最后一张肖像画的荣誉留给了国王。作为回报，1981 年，当达利从在纽约染上的疾病中慢慢康复的时候，出于对其健康的关心，国王胡安·卡洛斯和王后索菲亚到达利利加特港的家中看望了他。

其三：1982 年，为了表彰达利为加泰罗尼亚赢得的荣誉，加泰罗尼亚自治政府首脑朱迪·普尤阁下授予达利政府金质勋章。这乍看上去，似乎是一件让人愉快的事情，但我们今天回过头去看，这对达利来说却像是一个凶兆，因为就在达利获得这个来自家乡的荣誉之后不到两个月，也就是 1982 年 5 月 10 日，加拉就永远地离开了他。

三

加拉的死正如她和达利的相遇一样，都对达利有着重大的影响。20 世纪 70 年代末，因为生活上一些细枝末节积累起来的矛盾，达利与加拉分居。1982 年加拉逝世，达利满怀悲伤和内疚之情，将她安葬于普勃城堡墓地。之后，达利像换了一个人似的，远离社交界，过上了隐士一般的生活。

发生在加拉身上的重大变故，会给达利的生活乃至性格带来如此明显的改变，这说明了加拉对于达利的意义。可以说，了解了加拉对于达利的意义，也就大部分地理解了达利。从这个意义上，我们可以把加拉看作另一个“达利博物馆”。

在情感方面，加拉对于达利来说，首先是妻子，然后是“母亲”，或者说是“母亲式的庇护者”。这让人们看到了达利独特的欲望模式，孩童一般的依赖性乃至坚硬的外壳之下某种柔软的东西。据说，达利从 20 世纪 60 年代开始，和一个叫阿曼达的女人相好长达十年，加拉知道这件事情之后并没有显得多么愤怒，相反，她都容忍了，甚至和那个女人相处得很好。这件事情，我们可以看作一个妻子对丈夫不忠的容忍，或者一个丈夫对于逐渐衰老的妻子的背叛，但我们也可以把它看成是，一个母亲式的庇护者对于孩子的错误的正常接受，或者是一个久居庇护所中的孩子到外面的世界撒了一把野。丈夫和妻子之间很难以让人理解的事情，如果发生在母亲和孩子之间就再正常不过了。达利和加拉之间的情感生活至少纠缠了这样两种关系。

在物质生活中，加拉作为达利和外部物质世界之间的联系，担当了达利经纪人的角色。在经济生活上，达利基本上是按照加拉的安排在签订和履行合同，这进一步形成了达利对金钱和物质享受的双重态度：一方面极力追求，因为加拉对金钱有着比达利更强烈的渴望；另一方面满不在乎，因为和加拉在一起，达利几乎没有缺钱花的日子，他不需要去过多地考虑金钱的问题。这里还有一件逸事：在20世纪50年代达利重返美国期间，几个墨西哥的青年电影工作者慕名而来，想请达利参加他们的剧组，客串一个角色。他们先是找到达利，达利没有给他们任何明确的答复，只是说，你们去找加拉吧，她说怎么办就怎么办。当这几个人找到加拉的时候，加拉正坐在那里喝咖啡，知道对方来意之后，加拉说，达利爱喝的那种咖啡又涨价了，言下之意，是嫌对方的开价太低了。当加拉说出她的心理价位时，并不富有只是空有一腔电影梦想的墨西哥人只有告辞了。我们相信，在大多数情况下，有关商业和金钱方面的事情都是这样由加拉为达利把着关的，当加拉不在了，达利并不会思考如何去聚敛财富的问题，其实从本质上说，达利对奢侈的生活的追求也说明了他对金钱并不真正在乎。这也能让我们理解，为什么如此眷恋享受物质生活的达利，会在加拉死后过着深居简出的生活，为什么达利会在遗嘱中把所有的遗产和遗作都捐献给了西班牙政府。

在艺术世界里，加拉是达利的模特、灵感的来源，乃至于崇拜的对象。加拉是达利最忠实的模特，达利不厌其烦地描摹加拉的形象，或者以加拉为主题，或者把加拉和其他的主题结合起来，似乎任何时候在任何一幅作品中，只要达利愿意，他都可以把加拉画进来。所以，正如我们在前面看到的，加拉可以是圣母，可以是“我的女人”，可以是“犀牛”“晚祷”等众多主题的变形。就在 1976 年达利还结合“双重影像”“点彩画法”等不同的画风，画了一幅大尺寸的作品《遥望地中海的加拉》，作品在近处观看，是加拉凝视地中海景色的侧影，而在 20 米外观赏竟变成一幅林肯画像。

1972 年到 1973 年间，达利画了一幅带有“戏中戏”意味的作品——《达利从背后描绘加拉，她因在六面真镜子里临时照出的六个虚角膜而变幻永恒》。在众多以加拉为模特的画中，这一幅非常特殊，因为它再现了达利是如何描绘加拉的场景。加拉坐在镜子前，达利坐在加拉的背后，人们从画中能同时看到加拉和达利的背影，以及镜像中他们的面容。加拉穿着类似海军衫一样的衣服，这使得她的背影看起来像一个少女，但镜

达利从背后描绘加拉，她因在六面真镜子里临时照出的六个虚角膜而变幻永恒

Dali from the Back Painting Gala from the Back Eternalized by Six Virtual Corneas Provisionally Reflected in Six Real Mirrors

1973年，布面油画

60.5厘米 ×60.5厘米

菲格雷斯达利剧院博物馆

这幅具有立体感的作品可看作达利在20世纪70年代进行的一例实验的结果。画家想通过立体镜达到三维效果，探讨空间的深度作用。其构图让人想起委拉斯开兹的代表作《宫娥》。

子里却又是加拉那苍老的面容。达利手握画笔坐在画架前，他的背影已经体现出岁月的痕迹，留着卷曲长发的脑袋已经谢了顶，但镜子里达利的表情却一如年轻时那样，神经质的眼神，黑色上翘的胡子，依然精力充沛。在我看来，这幅作品呈现了达利和加拉晚年生活的典型状态：衰老和激情矛盾地综合在了一起。长久以来，达利的世界因为加拉的存在自然而然地分成两部分：外面的世界和两个人的世界。对达利来说，只有在内部的两人世界能量充沛的时候，外部世界的一切才可能成为他去征服的对象。达利自己当然是能量的一个来源，但更重要的来源是他和加拉之间的碰撞与融合，他们就像是原子核中的质子和中子一样，在一种“聚合”作用中，才会爆发出巨大的能量。从这个意义上说，加拉是达利艺术灵感和能量的源泉。

达利在绘画、文学、芭蕾舞乃至香水和珠宝设计中，不断地向人们强化着自己对加拉的崇拜。不可否认，达利这种偏执狂一般的崇拜，带有明显的自我暗示和自我强化的色彩，并不一定是达利内心最真实情感的表现——他夸大了自己对于加拉的忠贞和崇拜，毕竟生活中，他还试图在加拉之外拥有其他的女人。但是，相较于“没有加拉的达利”的生活和情感状态而言，这种崇拜即便不能完全地做到“细节真实”，但应该可以算作是符合“艺术真实”的了。

第十一章

1982—1989

一个天才的最后岁月

我相信宇宙还没有一只蝴蝶大，

而且从未停止过收缩。

题　记

一个人特别是一个天才的艺术家在时间的无情流逝中无可奈何地老去，这是一件悲哀的事情，但达利却说："从我还是一个怀抱中的婴儿时起，就在任何人向我说那不可避免的死亡问题时，总是大叫：'谎言！'我总感觉到一切到了最后时刻都会有办法。"当我们从天才的离去中解读出这样那样的意义，发掘出这种那种美感的时候，达利的声音还在纪念他的人们耳边回响："因为我是天才，我没有死亡的权利，我将永远不会离开人间。"

一

加拉的去世让达利感到悲伤和内疚——她死之前，他们还处于分居的状态，这让达利感觉自己没能陪伴妻子走完人生最后的旅程。现在，没有了加拉，达利能做的就是在回忆和思念之中极力保持自己那日渐衰弱下去的身体和想象力。

开始的几年，达利待在巴塞罗那郊区普勃城堡的家中，偶尔制作一些雕塑和绘画，比如《武士或掩面人》等。他还时常去城堡墓地为加拉献上在花园散步时随手采来的一些花朵，原先加拉是他与外面的世界之间的桥梁，现在桥梁没有了，达利似乎也乐于把自己封闭在世界之外。随着视力的下降、身体的衰老，绘制大幅的油画对这时的达利来说，是越来越困难的事情了，很难想象他用颤抖的手握着画笔，在画架前一坐几个小时是怎样的一种情景。更重要的问题是，所有的主题都已经画完，永恒的主题“加拉”已经逝去，达利要去画什么呢？

1983 年的某一天，达利在普勃城堡的画室里完成了一幅名叫《燕子的尾巴》的绘画，然后搁下画笔，像童年在加达凯斯皮科特家“城堡”里涂鸦之后一样走到窗边，只不过七十多年之后，他只能拄着拐杖蹒跚而行。透过玻璃，达利隐约地看见加拉的墓碑静静地矗立在那里，他似乎记起当年看到窗外巨大的柏树时产生的要成为一名画家的强烈愿望，又似乎想到了在加达凯斯第一次见到加拉时的情景。达利点燃了一支烟斗，像是自言自语又像是轻声地对着加拉诉说：“是时候了，是时候了。”

就在天才达利决定不再画画的这一年，另外两个西班牙的艺术天才离开了人世：他们是路易斯·布努埃尔和胡安·米罗。对于西班牙和世界来说，这是继 1973 年毕加索逝世之后，又一次重大的损失。布努埃尔在他死前三个月完成并出版了自传《我的最后一口气》，向人们展现了自己用一种超脱的自嘲面对大限来临时的心态，而米罗在死去的前一年还为 1982 年西班牙足球世界杯设计了吉祥物“小橘人”，用他那一贯的孩子般的乐观精神让人们感到愉悦。对于达利来说，听到他们死去的消息，他的内心有一种别样的悸动，那是一种由人及己的焦虑，他该如何在最后的岁月里求得内心的平静呢？宗教给了他某种力量，达利曾在他的自传最后的附言中写道：“在我还没有信仰时，我害怕死后见不到上帝。”而现在，当艺术也不足以承担一个天才最后的寄托的时候，宗教情绪更多地浮现了出来，就像宗教在达利父亲最后的日子里给予了他巨大的安慰一样。我们猜想，达利一定越来越相信，他是一个可以见到上帝的人。

这幅画是达利根据法国数学家雷内1960年推出的灾难理论所创作的。灾难理论表达的是环境中微小的变化如何造成行为上的突然改变。

燕子的尾巴
The Swallow's Tail
1983年，布面油画
73厘米×92.2厘米
菲格雷斯达利剧院博物馆

从这个意义上说，达利在他最后的岁月里，又一次模仿了他的父亲。

1984 年在普勃城堡的家中达利发生了一次意外，他在因为电线短路导致的火灾中被烧伤，住进了医院，这使得他的健康情况更加不妙。从医院出来，达利就离开了巴塞罗那，搬到家乡达利剧院博物馆附近的私人公寓居住。1986 年 5 月，西班牙的国王卡洛斯决定奖励给达利一大块广场，来建造一个大的纪念碑。也许是因为没有子女，也许是因为对祖国某种深沉的情感，达利在遗嘱上写下要把自己所有的财产和遗作捐献给西班牙政府。做完这些，1989 年 1 月 23 日，达利终于追随加拉而去，一个天才疯狂的一生就此宣告结束。

二

作为20世纪最重要的艺术家之一，达利的一生充满了传奇色彩和矛盾性，他那存留在世的数量巨大、风格瑰丽，充满了奇思妙想的艺术作品时常让人们感觉达利并没有真正离开。古罗马诗人贺拉斯，在一首叫《纪念碑》的诗中曾经写过以下诗句，我们同样可以把它看作达利的吟诵：

我立了一座纪念碑，它比青铜
更坚牢，比国王的金字塔更巍然，
无论是风雨的侵蚀，北风的肆虐，
都不能把它摧毁，或是岁月的
不尽轮回和光阴的不停地流逝。
我不会完全死亡，我的大部分
将躲过死神，虽死而犹有生机
死后的荣誉将使我继续生存
……

人们会通过达利留在世上的那些伟大的作品和疯狂的故事，时常想起他，并带着嘴角的一丝微笑，不经意间问候一句“你好，达利先生”。

也许，每隔一段时间，在有关达利的展览举行的时候，他都会重新回到这个不断变化着的世界中来，在参观者还没有到来或者人群已经散去的时候，在美术馆自己的作品前转一转，然后走到外面的街道上，买上一些报纸，夹着它们静静地回到世界上某个隐蔽的所在。在加拉问候他“你好，达利先生”之后，在另一段长长的睡眠开始之前，他仔细地读一下这些报纸，还会不时地给加拉念上一两段有趣的事情，让她知道这些年来这个世界到底又发生了哪些灾难或是可笑的事情，而他们正幸运地待在那个叫“加拉·萨尔瓦多·达利”的世界里，安全而又舒适。

达利年表

1904
|
1989

1904 5月11日生于西班牙加泰罗尼亚大区吉罗那省的小城菲格雷斯，童年主要在菲格雷斯、加达凯斯和卡德隆兹等地度过。
1岁

1910 童年时代喜爱幻想和涂鸦，第一幅署上日期的绘画作于这一年，为一幅风景画。
6岁

1914 在菲格雷斯的教会学校开始接受中等教育，并对绘画产生兴趣，尤其受拉蒙·彼斯托斯的影响，其早期的大多数作品是风景及描绘农民和渔民生活的风俗画。
10岁

1917 转入菲格雷斯的另一所教会学校，师从居·努尼艾斯学习素描、雕刻和绘画，对印象派感兴趣并尝试印象派点彩画法；作为当地艺术家其首批作品在菲格雷斯的莫尼西帕剧院展出。
13岁

1920 达利母亲去世；准备离开家乡去马德里求学。
16岁

1921 达利进入马德里的圣费尔南多学院美术系学习，结识了加西亚·洛尔卡、布努埃尔等人；在学习学院派技法的同时，受到立体主义、
17岁

未来主义的影响。

1922 在巴塞罗那的达尔莫画廊展出作品；同年在
18岁 巴黎，安德烈·布勒东和巴勃罗·毕加索、马克斯·恩斯特及曼·雷等人组建了第一个超现实主义团体。

1923 7月，因为鼓动学生反叛学校权威而被第一次
19岁 开除出圣费尔南多学院，后因其无政府主义倾向被捕。同时对立体派和意大利形而上画派的兴趣增长。

1924 超现实主义运动的领袖布勒东在巴黎发表
20岁 《超现实主义宣言》。

1925 10月，重返圣费尔南多学院美术系；11月在
21岁 巴塞罗那达尔莫画廊举办首次个人作品展，作品包括以父亲和妹妹为模特的《艺术家父亲的肖像》《站在窗前的少女》等；毕加索和米罗对他的作品表现出兴趣；开始与巴塞罗那《艺术之友》杂志的合作；在巴塞罗那获得显著的名声。

1926 10月，被圣费尔南多学院永久开除；第二次个人画展在达尔莫画廊举办，批评家和公众对其兴趣增长。
22岁

1927 年初达利在妹妹和姑姑的陪同下第一次去了巴黎，达利第一次见到了毕加索；拜访米罗，几个月后米罗带着画商造访达利，说服达利的父亲让他去巴黎；与洛尔卡一起度过夏季，写了诗作《圣塞巴斯蒂安》发表在《艺术之友》上。
23岁

1928 4月，在巴塞罗那，达利等人共同签名发表了《加泰罗尼亚反艺术宣言》；夏天，在卡德隆兹作了一系列“拼贴画”，主要受到米罗、恩斯特等人的影响；秋天，在菲格雷斯，三天里与布努埃尔写出电影剧本《一条安达鲁狗》；作品在美国匹兹堡第27届卡耐基国际博览会上展出，这也是达利的作品第一次在西班牙之外展出。冬天，第二次去巴黎。
24岁

1929 达利在巴黎与布努埃尔共同制作电影《一条安达鲁狗》，影片引起了轰动；米罗把达利介绍给超现实主义团体，达利结识了勒内·马格利特、保尔·艾吕雅、布勒东，并和达达主义者查拉、杜尚、曼·雷等人交往；在家乡接待超现实主义者们的拜访，和加拉坠入爱河，“加拉·萨尔瓦多·达利”诞生；画出
25岁

第一批超现实主义作品，并与布努埃尔合作剧本《黄金时代》；在巴黎的首次展览由布勒东主持展出于居埃曼画廊，作品包括《欲望之谜，母亲、母亲、母亲》等；与画商加缪·乔曼签订了第一个合同。

1930 写作《眼中的女人》并为之插图，献给加拉；
26岁 致力于《革命的超现实主义》等杂志，发表奠定其“偏执狂批判”方法的文章《腐烂的驴子》；有十幅作品参加了被认为是第一次超现实主义画展在美国的展出，开始研究“双重影像”；在“利加特港”建造住所；《黄金时代》上映并被禁，与布努埃尔关系恶化。

1931 在皮埃尔·科尔画廊举办连续三年画展的首
27岁 次展。

1932 在纽约朱利恩·列维画廊参加群展，《记忆的
28岁 永恒》引起了画廊观众巨大的好奇。

1933 达利与阿尔伯特·斯契拉签订合约，为西班
29岁 牙诗人劳特阿蒙的《马尔多罗之歌》绘制40幅草图；在纽约朱利恩·列维画廊举办首次美国个人画展，11月在巴塞罗那的加泰罗尼亚画廊展出作品；对米勒《晚祷》主题兴趣强烈。

1934 在独立沙龙、朱利恩·列维画廊、雅克·博吉画廊、卡耐基学院举办画展；在伦敦佐默画廊举办英国的首次个人画展；加拉和达利首次赴纽约；在康涅狄格州哈特福德的华兹华斯博物馆发表演讲；正式被超现实主义团体逐出。

30岁

1935 出版《非理性的征服》，达利在书中定义了“偏执狂批判”的艺术方法；结识英国收藏家爱德华·詹姆斯，签订了一个为期两年的协议，为其画出了战前最好的一些作品。

31岁

1936 再次前往纽约，一幅由曼·雷摄制的达利照片被《时代》周刊刊登在封面上；再次在列维画廊展出作品，并在现代美术馆参加名为“幻想的艺术，达达和超现实主义”的展览；为纽约第五大街的泰勒商店布置超现实主义风格的橱窗；回到西班牙，画出《内战的预感》。

32岁

1937 达利继续广泛发表言论，阐述超现实主义的概念；西班牙内战爆发，加西亚·洛尔卡被杀害；其后三年，达利三次到意大利，研究文艺复兴和巴洛克艺术。

33岁

1938 在欧洲旅行；参加巴黎美术学院画廊举办的展览；在伦敦拜访西格蒙特·弗洛伊德；住

34岁

在可可·香奈尔在摩纳哥的住所里，写作自传《萨尔瓦多·达利的秘密生活》大纲，与可可·香奈尔合作，为摩纳哥蒙地卡罗芭蕾舞团做设计。

1939 在纽约的列维画廊举办展览；与纽约的万国博览会签订合约，创作《维纳斯之梦》，但是与主办者在创作理念上发生冲突，后者否决了他在波提切利的维纳斯身上加上鱼头的计划；再次为泰勒商店布置橱窗，因不满自己的布置被更改，打碎了商店的橱窗玻璃；发表《关于想象力的独立性和人自身疯狂权力的宣言》；达利为第一出偏执狂芭蕾舞剧《酒神》设计场景，该剧上演于大都会歌剧院；达利和加拉回到欧洲；西班牙内战以佛朗哥的胜利而告终。
35岁

1940 “二战”爆发；8月，达利在德国人入侵之前，离开法国，经由西班牙和葡萄牙到纽约，先是住在弗吉尼亚的卡瑞斯·格罗斯比庄园，结识美国小说家亨利·米勒，后来定居于加利福尼亚的佩勃勒海滨，在美国逗留至1948年。
36岁

1941 达利在美国取得很大成功；与摄影师菲利普·豪斯曼开始了富有成效的合作，一直持续到后者1979年去世。为在大都会歌剧院上
37岁

演的芭蕾舞剧《迷宫》写作剧本、设计场景和服装；在弗吉尼亚的卡瑞斯·格罗斯比庄园，达利与加拉举行了一次非宗教性的婚礼。

1942 38岁 回顾展在现代美术馆和其他八个美国城市举办；出版自传《萨尔瓦多·达利的秘密生活》一书。

1943 39岁 达利被美国上流社会接纳，为克诺德勒画廊绘制美国富人肖像，为海伦娜·鲁宾斯坦的住宅绘制壁画；构建著名的《梅·韦斯特头像之屋》。

1944 40岁 参与演剧活动增多，并为《麦克白》《蒙田随笔》《爱丽丝梦游仙境》等多部畅销书籍作插图；写作了第一篇小说《隐藏的面孔》，以及艺术理论随笔《魔幻技艺的50个秘密》。

1945 41岁 受广岛的原子弹爆炸启发，达利开始了他的“核子”或“原子”时代，绘制《原子丽达》等作品；为阿尔弗雷德·希区柯克的影片《爱德华大夫》设计梦境场景；为迪士尼公司绘制油画和水彩画，但并未拍摄成动画电影。

1947 43岁 在克利夫兰美术馆和纽约的比格农画廊举办个展。

1948 回到欧洲，永久定居在利加特港；在罗马举
44岁 办了美国作品回顾展览；其艺术发展进入新的阶段，没有与战后的先锋派发生联系，而是致力于西方的传统题材，达利在艺术上进入了宗教和神秘主义交织的时期，画出第一幅宗教题材的作品《利加特港的圣母》，得到教皇毕奥十二世的欣赏。

1949 为在伦敦科文特花园上演的施特劳斯歌剧《莎
45岁 乐美》设计场景；对和声和几何理论的兴趣增长。

1950 达利父亲去世；为回应其妹妹的书，达利出
46岁 版了《备忘录》一书；为在马德里玛丽亚·格雷罗剧院上演的索里利亚的《好色的唐璜》设计场景和服装；在纽约展出新作。

1951 画出《十字架的圣约翰的基督》；写作并插图
47岁 《神秘现象》一书，解释其神秘主义，特别是“核神秘”的主题。

1952 在美国的七城之旅中宣讲“核神秘”；为纪念
48岁 但丁诞辰，为《神曲》作102幅水彩插图。

1954 达利主要作品的回顾展在罗马帕拉维西尼宫、
50岁 威尼斯和米兰成功举办，并策划上演了“重生仪式”；与摄影师菲利普·豪斯曼合作的影

集《达利的胡子》出版。

1955 画出《最后的晚餐的圣礼》，被西班牙国家美
51岁 术馆收藏；在巴黎索本神学院做题为《偏执狂批判方法的现象学态度》的演讲。

1958 发起“视觉艺术”，探寻视觉和错觉效果；加
54岁 拉与达利在西班牙的“天使教堂”结婚；因《堂·吉诃德》所作系列插图，驻巴黎的古巴大使向达利颁发“法国贵族勋章”。

1959 完成《哥伦布发现美洲大陆》；谒见教皇约翰
55岁 十三世。

1960 法国的超现实主义者们发表《我们听到的不
56岁 是那样》一文，以反对达利参加在纽约举办的国际超现实主义展览；开始着手于《萨尔瓦多·达利的世界》一书的写作；与罗伯特·迪斯查勒斯等人合作完成了电影《蕾丝编织者与犀牛的奇妙故事》。

1961 在威尼斯完成芭蕾舞《献给加拉》的创作。
57岁

1962 达利日益专注于检视其过往艺术生涯中的主
58岁 题，反复地考察和确定;《加拉的达利》一书出版。

1963 在纽约的克诺德勒画廊举办近作展；写成《米勒〈晚祷〉的悲剧性神话》一书并出版。
59岁

1964 达利被授予天主教伊莎贝拉大十字勋章；《天才的日记》一书出版。东京奥运会期间，在东京、大阪、名古屋等地举办主要作品回顾展；开始接受阿兰·博斯凯的访谈，谈话内容后来以《达利谈话录》为名出版。
60岁

1965 画出《美元的崇拜》；在纽约的现代艺术画廊举行作品回顾展，其中展出雷诺兹·莫斯从未展览过的私人收藏的达利画作；为《圣经》作一〇五幅水彩插图；对全息摄影术、三维艺术以及生物领域中的 DNA 产生了理论的兴趣。
61岁

1966 完成《捕金枪鱼》。
62岁

1968 与路易斯·鲍威尔合作完成《达利的激情》，并为之绘制插图《色欲的化身》。
64岁

1969 代表其“偏执狂批判”方法最高成就的《色情的变形》出版；在克诺德勒画廊举办的展览引起了美国舆论的极大兴趣；宣布要在菲格雷斯建立达利博物馆；在法国，为皮埃尔、朗文巧克力等公司和法国铁路创作商业招贴画，并拍摄了朗文巧克力的电视广告。
65岁

1970 完成《引起幻觉的斗牛士》；在鹿特丹的伯尔
66岁 曼－凡·比宁根博物馆举办达利在欧洲的首次主要作品回顾展，展品中有英国收藏家爱德华·詹姆斯第一次公开展出的作品；写作《达利眼中的达利》。

1971 主要由莫斯藏品组成的克利夫兰达利美术馆
67岁 正式开馆；达利为建造中的菲格雷斯达利剧院博物馆绘制顶棚画《风的宫殿》；出版第一本著作选集《达利，对》。

1972 在纽约举办三维空间展览会，展出油画和全
68岁 息图作品；在马德里，从普拉多美术馆储藏室中挑选作品，为达利剧院博物馆的开幕式做准备。

1973 毕加索逝世；写作《十副长生不死的处方》
69岁 和《国王，我在巴比伦等你》，并绘制插图；创作版画《加拉的晚宴》，两年后，达利根据这套版画制作了一本食谱。

1974 在法兰克福斯塔德博物馆举办回顾展；建于
70岁 故乡菲格雷斯的达利剧院博物馆开馆，并在此举办了达利设计的珠宝展。

1978 纽约古根海姆博物馆展出达利的第一批立体
74岁 视错觉作品；达利当选为法兰西美术学院的

外籍院士。

1980 在伦敦泰特美术馆举办主要作品的回顾展；
76岁 向马德里札苏尔拉宫赠送西班牙国王肖像。

1981 达利从在纽约染上的疾病中慢慢康复，集中
77岁 完成了一批青铜雕塑，包括《空间维纳斯》《时间的轮廓》《抽屉人》等；出于对达利健康的关心，西班牙国王胡安·卡洛斯和王后索菲亚到“利加特港”看望了他。

1982 出席由莫斯创建的佛罗里达圣彼得斯堡达利
78岁 美术馆的开馆仪式；加泰罗尼亚自治政府首脑朱迪·普尤阁下授予达利政府金质勋章；在陪伴了达利50年之后，其妻子加拉于5月10日逝世，安葬于普勃城堡墓地，妻子死后，达利远离社交界，将自己封闭在普勃城堡。

1983 布努埃尔逝世；米罗逝世；达利完成最后一
79岁 幅画作《燕子的尾巴》。

1984 在普勃城堡家中的一次火灾中被烧伤，健康
80岁 情况更差；搬到达利剧院博物馆附近的私人公寓居住。

1986 5月，西班牙国王在马德里决定奖励给达利一
82岁 大块广场，用以建造一个大的纪念碑。

1989 萨尔瓦多·达利于1月23日去世，享年85岁；
85岁 达利在遗嘱中将所有的财产和遗作捐赠给西班牙政府。

2002 在中国的香港、北京、上海举办了达利作品巡回展，这是达利作品第一次大规模在中国展出。

2003 根据达利生前与迪士尼合作的遗作，一部名为《命运》的不足七分钟的动画短片问世。短片讲述了时间的拟人化身 Chromos 爱上一个平凡女舞者的伤感的爱情故事。《命运》上映后，被提名2004年奥斯卡最佳动画短片。虽然片长只有七分钟,《纽约邮报》曾评价它:“实在太对得起手里的票钱。”

2004 达利100周年诞辰，世界各地以各种形式举办纪念活动。其中，法国弗斯坦博画廊携一批达利的版画作品，以及很多首次公开的达利生活照片在上海艺博会亮相。

2014 达利分别创作于1973年和1974年的两件青铜雕塑作品《农牧神人头角》和《圣塞巴斯蒂安》由香港侨福集团主席、收藏家黄建华捐赠，永久珍藏于中国美术馆，被陈列在美术馆前广场西侧的户外草坪上。

2015 9月和11月，在上海的外滩18号和 K11分别举行了两场达利的展览。外滩18号共计三百件展品，展现达利大师的雕塑、设计、珠宝、绘画等多维度的跨界才能。K11则展出二百余件达利的重量级作品，包括国宝级画作、设计及达利私人用品。同时，西班牙达利剧院博物馆的15号厅“风馆”也在展览中以原貌呈现在世人面前。

后　记

对达利的了解和喜爱，应该是从20世纪90年代在复旦读书开始的。看他传奇疯狂的故事和看他的画一样，是我一度最爱干的事情之一。

我第一次亲眼而不是从画册上看到达利的作品，是在2002年上海美术馆举办的达利作品展上，那一次，达利那些著名的大幅油画作品并没有出现，展品的主体是装置、雕塑和素描。我记得，我去看了两次，买的是低廉的学生票。在《遥望地中海的加拉》面前，我伫立良久才看到了林肯的面容，我还试图利用“视错觉”拍摄一张我假装坐在“红唇沙发”上的照片，但没有成功。现在想来，那些事情虽然并不久远，但因为心态和境遇的变化，却像是发生在很久以前。

2004年是达利100周年诞辰，上海世贸商城举行的2004艺博会上展出一批达利的版画作品，以及很多首次公开的达利生活照片，这是纪念达利诞辰的活动之一，也成了我再一次近距离接近这个独特的“传主”的机会。看了展览，再一次验证了我对于达利的一些判断并非出自我的主观臆想。

2003年我毕业参加工作，在大学里教书，2007年之后更加专注于电影，达利与电影之间的关系成了我换一个角度看达利的切入点。不论是早期超现实主义的电影实践，还是与希区柯克或迪士尼的合作，乃至与布努埃尔的纠葛，哪一段拿出来仔细咂摸其中的滋味，似乎都值得洋洋洒洒地写出很多文字。

可能是因为要写作这本书的缘故，这些往日关于达利的事情才又一次在我的脑海里活跃了起来，这使得写作的过程变成了一件充满乐趣的事情：寻找和修正关于达利的资料和线索不再枯燥乏味，我重读了当年读过的很多书籍，有一种会见老友的感觉。解读和评价达利的思想和作品也不再是一件困难的事情，选择夹叙夹议的语言方式，我既有一种当年写作关于达利的诗歌和小说时的"虚构的激情"，又找到了与我当下的工作吻合的表达。所以，这不是一本传统意义上的传记，在保持传记所必需的真实性的基础上，我是希望把它当作一个对"和我有关"的天才艺术家的生活、思想和艺术的"解释性"的记录。当然，这些我自己说了不算，还要经过英明的读者您的评判。

我要向出版方表示感谢，正是他们的约稿才让我有机会完成一件我一直想去做的事情，对于张芸女士为这本书所做的努力，在此一并致谢。

我的妻子高莹为我查找和翻译了大量关于达利的外文资料，这使得我的写作始终进行得十分顺利，而让我觉得欣慰的是，她就是那个在学生时代和我一起两次去看达利作品展的人。2015 年 9 月和 11 月，在上海的外滩 18 号和 K11 分别有两场达利的展览举行，我们又一起去看了展览，不同的是，还有一个九岁的少年同行，他像他的父亲一样，对达利似乎也表现出了兴趣。在此，也将这本书献给我的妻儿。

时间是一座最古老的迷宫，它有着直线这一最古老的形式。我与达利之间的缘分，虽存在于卑微的写作者和伟大的艺术家之间，但在时间的迷宫中，却似乎又是两个平等的生命的一次偶遇，如此这般，这本书权当这次相遇留下的印记吧。你好，达利先生！

程　波

2017 年 1 月于上海，立雪斋

图书在版编目（CIP）数据

我一生中无一行为能被模仿 ： 达利传 / 程波著. —贵阳 ： 贵州教育出版社，2018.6

ISBN 978-7-5456-1181-6

Ⅰ. ①我… Ⅱ. ①程… Ⅲ. ①达利（Dali，Salvador 1904-1989）-传记-画册 Ⅳ. ①K835.515.72-64

中国版本图书馆CIP数据核字（2018）第088026号

我一生中无一行为能被模仿：达利传

程 波 著

出 品 人　王　宇
责任编辑　刘娟娟　程冠华　舒艳雪
出版发行　贵州出版集团
　　　　　贵州教育出版社
地　　址　贵阳市观山湖区中天会展城会展东路 SOHO 公寓 A 座
　　　　　（电话 0851-82263049　邮编 550081）
印　　刷　山东临沂新华印刷物流集团有限责任公司
开　　本　787mm × 1092mm　1/32
印　　张　12.25
字　　数　243千字
版　　次　2018年6月第1版
印　　次　2018年6月第1次印刷

书　　号　ISBN 978-7-5456-1181-6
定　　价　68.00元

如发现印、装质量问题，影响阅读，请与印刷厂联系调换。

厂址：山东临沂国家高新技术产业开发区新华路　电话：0539-2925680　邮编：276017